KAI WIESINGER

DER LACK IST AB

WAR'S DAS SCHON ODER KOMMT NOCH WAS?

FISCHER

3. Auflage: September 2019

Originalausgabe
Erschienen bei FISCHER Taschenbuch
Frankfurt am Main, September 2019

© 2019 S. Fischer Verlag GmbH,
Hedderichstr. 114, D-60596 Frankfurt am Main

Zeichnungen: Edward Filkin
Satz: Dörlemann Satz, Lemförde
Druck und Bindung: CPI books GmbH, Leck
Printed in Germany
ISBN 978-3-596-70534-4

INHALT

Ein paar Worte vorweg ... 7

I. **Der körperliche Verfall**
Lesebrille 15
Graue Haare 24
Sixpack 36
Verschleißerscheinungen 46
Vergesslichkeit 56
Alkohol 68
Hämorrhoiden, Prostata und Darmspiegelung –
   Das anale Triptychon 78
Hämorrhoiden 78
Prostata 81
Darmspiegelung 88

II. **Die erloschene Leidenschaft**
Ein Abend zu zweit 97
Grundloser Streit 105
Sex 116
Paartherapie 129

III. **Gedanken zur Torschlusspanik**
Ausmisten 144
Abhauen? 154
Klassentreffen 167
Noch mal Nachwuchs? 177
Begleitetes Fahren 188
Weihnachten ab jetzt bei uns? 198
Jünger 208

Ein paar Worte hinterher ... 217

Danksagung 220
Quellen 223

EIN PAAR WORTE VORWEG ...

Na, bröseln Sie auch schon so langsam vor sich hin? Fühlen Sie sich jünger, als Sie aussehen (Knie und Rücken mal ausgenommen)? Sind Ihre Arme schon zu kurz, um die Schrift auf dem Handy scharf zu sehen?

Stimmt's? Sie sind 40+ und könnten diese Zeilen eigentlich viel besser mit einer Brille lesen. Sie haben auch das Modell mit 0,5 oder – wenn Sie schon 45 sind – das mit 1,5 Dioptrien in der Drogerie oder am Flughafen gekauft – aber Sie haben sich noch nicht daran gewöhnt und es folglich nicht immer dabei. (Vorsichtshalber habe ich eine etwas größere Schrift gewählt ...)

Sie haben sich dieses Buch wirklich selbst gekauft? Mutig. Dafür verspreche ich Ihnen: Hier finden Sie ehrliche Antworten auf viele Fragen, die Sie sich seit kurzem stellen – und Sie gewinnen die tröstliche Gewissheit, dass Sie mit dem Scheiß nicht alleine sind. Wir alle fühlen uns viel jünger, als wir tatsächlich sind, und wir alle fragen uns, was ab der Mitte des Lebens denn eigentlich noch kommt und wie wir mit unserem »Zustand« am besten umgehen sollen.

Aber wer kauft schon ein Buch mit dem Titel »Der Lack ist ab« für sich selbst? Im Darknet vielleicht. Den meisten Männern wäre ein solcher Kauf unter den Augen von Millionen glücklicher, junger, super-cooler und erfolgreicher, nie alternder Menschen wohl ebenso peinlich wie die Frage nach extra kleinen Kondomen.

Ich gehe also davon aus, dass Sie dieses Buch geschenkt bekommen haben. Von einem Freund oder einer lieben Freundin, die originell sein wollten und auf das gemeinsame Alter anspielen. Wahrscheinlich hat sie oder er es an Ihrem 40. Geburtstag mit den Worten »Willkommen im Club« auf den Gabentisch gelegt.

Sie haben beide gelacht und gemeinsam versucht zu überspielen, dass Sie sehr wohl wissen, was da im Gange ist. Der Blick in den Spiegel wird es Ihnen schon angekündigt haben, wie auch das stetig anwachsende Sortiment der Tuben und Döschen auf der Badezimmer-Ablage.

Doch Sie haben Glück, Sie haben jetzt dieses Buch!

Es ist ein wichtiges Buch. Zumindest für mich – denn ich glaube, dass wir in einer Gesellschaft leben, die uns permanent auffordert, die Wahrheit zu verdrängen. Und darauf dürfen wir uns nicht einlassen! Wofür stehen wir Männer denn noch, wenn wir nicht einmal mehr zu uns selber stehen? Bis vor kurzem war alles noch so klar: Es ging fast ausschließlich um Sex (und ein bisschen um Geld und Macht und anderen Spaß), aber mit zunehmendem Alter hat sich da was verschoben, und unser Selbstbild stimmt nur noch bedingt mit dem Spiegel überein. Unsere Hülle beginnt, den Geist aufzugeben. Und es sind leider nicht nur die Äußerlichkeiten, die wir anders in Erinnerung haben, wir funktionieren auch nicht mehr so reibungslos wie einst. Noch ist es kaum spürbar, doch es bröselt an und in uns so langsam

8

vor sich hin, bis wir aufgeben, den Jungen das Feld und die Frauen überlassen und den nächsten großen (und letzten) Aufschlag erst wieder als Opa haben.

Was klingt wie ein böser Traum, hätte noch bis eben Ihr Leben werden können – doch jetzt wird alles gut. Sie werden durch die folgenden Kapitel erwachen. Sie werden erkennen, dass unsere große Chance die Wahrheit ist. Machen wir uns nichts vor: Das Leben ist endlich und dauert nicht sehr lange. Jedenfalls nicht so lange, wie ich früher dachte. Es kann einem eine Menge Mist begegnen, und wir können viele falsche Entscheidungen treffen. Die dümmste aber wäre, jetzt klein beizugeben. Machen wir also das Gegenteil: Visier hochklappen, und *Let's face it!*

Wir sind neuerdings in einem Club, dem keiner freiwillig beitritt, zu dem aber alle eines Tages gehören werden. Der einzige Verein ohne Mitgliedsausweis oder besondere Privilegien, die größte, weltumspannende Gruppe von Menschen, die in einem Boot sitzen. Die Überfahrt aus dem Paradies der Jugend, ganz plötzlich, ohne Vorwarnung und ohne Ticket unterwegs, in eine immer unschärfere Zukunft, gepflastert mit Rücken- und Trennungsschmerz, Kameras in den Gedärmen und verfolgt von der Frage, ob man mit dem Partner noch etwas anfangen kann, wenn die Kinder aus dem Haus sind.

Mir geht es genau wie Ihnen. Wir sind im gleichen Alter, und da ich, wie Sie, festgestellt habe, dass nun so manches unausweichlich auf uns zukommt, von dem wir bis vor kurzem noch nie etwas gehört haben, möchte ich Ihnen

9

auf den folgenden Seiten etwas an die Hand geben, das Ihnen hilft, den Weg bergab wenigstens fröhlich zu rutschen, statt verkrampft und einsam im Jugendwahn hinabzustolpern.

Und schon nach wenigen Schritten werden Sie von all Ihren Idolen empfangen, die Sie mit 15 angehimmelt haben. Aber auch an Helden nagt der Zahn der Zeit, auch sie haben nicht die ewige Jugend gepachtet – und dennoch nichts von ihrer Strahlkraft eingebüßt. Ist das nicht tröstlich?

Nehmen wir Brad Pitt oder Tom Cruise, auch deren Pobacken pressen sich beim Gedanken an den Urologen und die »Kleine Hafenrundfahrt« unwillkürlich tiefer ins Sofa. Und die beiden greifen wahrscheinlich – genau wie ich – immer häufiger zum Brötchen mit Kürbiskernen, um die Prostata in Schach zu halten.

Ich habe lange gerätselt, wieso Tom Cruise sich kaum veränderte, obwohl alle um mich herum ergrauten. Inzwischen weiß ich, dass er einfach viel geschickter und – vor allem – viel früher als ich angefangen hat, seine Haare zu tönen. Nicole Kidman scheint auch nicht scharf auf das Rollenfach der Oma zu sein. Sie hat sich entschieden, Benjamin Button zu folgen und in zunehmendem Alter immer glattere Haut zu bekommen und sich – zumindest oberhalb des Halses – zurück in die optische Pubertät zu entwickeln.

Und das ist ihr gutes Recht!

Natürlich ist es schlimm, wenn wir uns vom Druck der Gesellschaft zwingen lassen, durch Operationen, übertriebenen Sport oder Mangelernährung gewissen Körperidealen zu entsprechen, die sich aufgrund von unnatürlichen Wahrnehmungsgewohnheiten weit von der Realität entfernt haben. Da sollten wir das Rad etwas zurückdrehen und uns besinnen, wer und aus was wir eigentlich sind. Jene Abermilliarden Zellen, die freundlicherweise unseren Körper formen, haben nur eine begrenzte biologische Haltbarkeit. Selbst wenn wir nicht eine einzige Krankheit bekämen, so würde unser Körper doch nach und nach abbauen und verfallen. Letztlich kann man da nix machen.

Doch davon einmal abgesehen, sollte jedem von uns offenstehen, seinen Körper so zu pflegen und zu gestalten, wie es ihm gefällt, ohne sich rechtfertigen zu müssen, in welcher Haut man sich wohl fühlt. Ob straff oder schlaff. Auf den folgenden Seiten beleuchten wir viele der erschreckenden Herausforderungen, die nun auf uns zukommen. Ich habe diverse Experten getroffen und ihnen all die Fragen gestellt, die mir auf dem Herzen lagen. Sie müssen also nicht »rumgoogeln« und sich durch diverse Selbsthilfe-Blogs klicken, wenn Sie wissen möchten, ob nur Sie sich so anders fühlen oder Ihr Körper nicht mehr so kann, wie Sie wollen – und ob das alles normal ist. Selbstverständlich können Sie zu jedem Fachgebiet andere und wesentlich ausführlichere Bücher lesen, und einen Gang zum Therapeuten oder Arzt ersetzt mein Buch auch nicht, aber es geht ganz konkret auf Sie ein. Sie, die Person, die sich in einem Umbruch befindet und sich vielleicht nur einmal kurz rückversichern möchte, dass alles okay ist. Und wenn nicht, was dann zu tun ist. Sie bekommen praktische Werkzeuge an die Hand, um gelassen und fröhlich zu vergreisen. (Das meiste funktioniert ohne Skalpell.)

Brauchen Sie alles noch nicht? Na, dann freuen Sie sich einfach, dass Sie nach zwanzig Ehejahren den gleichen Sex haben wie vor der Hochzeit, Haarausfall nur aus der Werbung kennen und den PSA-Wert für einen Aktienindex halten. Genießen Sie die Zeit, solange Sie noch davon ausgehen, 50 sei das neue 30. (Und hoffen Sie darauf, dass Ihr Körper der gleichen Ansicht ist.)

Ihr Kai Wiesinger

P. S. Haben Sie die Serie »Der Lack ist ab«* schon gesehen? Wenn nicht, empfehle ich Ihnen diese als Begleitmaterial. Ich habe sehr viele Zuschriften von Zuschauern erhalten, die einen positiven Einfluss auf Ehe und Alterungsprozess bestätigen.

---

* Zu sehen auf Amazon Prime

I.
DER KÖRPERLICHE VERFALL

»Frauen können sich gar nicht vorstellen, was für Schmerzen so ein Körper machen kann.«

»Das muss ich mir nicht vorstellen, das erlebe ich täglich an meinem Mann.«

LESEBRILLE

Mal ehrlich: Haben Sie die Schriftgröße Ihres Handys schon nach oben korrigiert? Halten Sie die Speisekarte beim schummrigen Italiener an die Kerze, oder ist Ihnen die Zeitung im Flugzeug – durch die Rückenlehne des Vordermanns – zu nah? So geht es den meisten von uns mit spätestens Anfang 40. Zuerst will man es nicht wahrhaben und glaubt, durch Training auch im Bett noch mit aufgestütztem Arm lesen zu können. Doch irgendwann ist es einfach an der Zeit, sich einzugestehen, dass die Buchstaben zu unscharf sind und man viel zu oft schon SMS auf dem orthographischen Niveau eines Vorschülers versendet hat, einfach weil man nicht mehr erkennt, was man schreibt, oder die übereifrige Autokorrektur macht, was sie will, während wir versuchen, den nächsten Buchstaben zu fokussieren.

Dementsprechend werde ich beim Tippen mit den Jahren nicht etwa versierter und schneller, sondern aufgrund zunehmender Unsicherheit immer langsamer. Kein Beinbruch, könnte man denken, lass dir halt Zeit – doch das ist gar nicht das Hauptproblem! Das Hauptproblem ist die bittere Erkenntnis, dass dieses unscharfe Gegucke sozusagen der ultimative Einstieg in den Abstieg ist. Ab hier geht nix mehr ohne Hilfsmittel: Pillen, Prothesen und bald dann sicher auch: Pflege. Man kann froh sein, wenn die Kinder einen

nicht eines Tages in ein billiges Altenheim stecken, und ich versuche ab sofort jeden Cent zu sparen, um vielleicht eine kompetente Hilfe bezahlen zu können, die zu mir nach Hause kommt und sich kümmert, wenn es so weit ist. Wenn alles gut läuft, ist es ein langsamer Abstieg, und noch stehen wir recht weit oben an der Treppe. Da ist von Pflegekraft noch keine Rede, es reicht meistens noch eine simple Brille aus der Drogerie mit 0,5 oder 1 Dioptrien. (Wir werden uns gleich noch beraten lassen, ob das Modell für sieben Euro fünfzig genauso gut ist wie ein hundertmal so teures vom Optiker oder ob es den Augen sogar schadet.) Doch lassen wir das für einen Moment noch außer Acht, setzen unser Billigmodell auf und freuen uns über die augenblicklich wiedererlangte Sehschärfe – denn auch das einfachste Modell wirkt Wunder! Wie durch eine Lupe stehen alle Buchstaben wieder fett und stramm, nicht mehr gräulich-doppelt, Sie sehen sogar die Struktur des bedruckten Papiers. Aber auch jede Pore.

Sie werden feststellen: Auch die eigenen Fingernägel sehen anders aus, als Sie bisher angenommen haben. Das Problem lösen Sie mit einer kleinen Maniküre schnell im Badezimmer. Doch Vorsicht, da hängt ein Spiegel … Am besten, Sie gehen erst mal langsam auf Ihr Bild zu und gewöhnen sich an den eigenen UHD-Look.

Es ist wie in der Sportschau: Was beim Sprung vom Schanzentisch einfach nur beeindruckend schön aussieht, offenbart im Close up des Springers den Inhalt so mancher Pore und zerstört das schönste Alpenpanorama. Der Mensch ist ja bekanntermaßen besiedelt von Milliarden Bakterien und Kleinstlebewesen – aber wer möchte denen beim Zähneputzen in die Augen sehen? Klarer Vorteil des scharfen Selbstbildnisses: Sie sehen Haare in Nase, Ohr und sonstwo, bevor Sie auf Ihren kaputten Rasierer angesprochen werden.

Also sollten Sie die Lesehilfe wirklich nur als solche einsetzen oder dann, wenn Sie sich ganz sicher sind, dass Sie etwas anderes unbedingt scharf sehen möchten.

Alternativ können Sie – auch als Anfänger – schon mit einer Gleitsichtbrille liebäugeln. Die muss nicht dauernd auf- und abgesetzt werden. Sie gucken unten (durchs geschliffene Glas) auf den Text Ihrer Zeitung und heben – wenn Sie gestört werden – den Blick nach oben (durch den ungeschliffenen Teil), um Ihre näher kommende Partnerin mit gewohntem Weichzeichnereffekt zu sehen.

So wurde es in Hollywood schon immer gemacht, um makellose Schönheit zu erhalten.

Somit kommen wir zum nächsten Problem. Man sieht eben leider nicht nur die eigenen Makel, sondern auch – zum Beispiel in der Sekunde vor dem Kuss – die des Partners.

Kommt ein unerwarteter Kuss auf Sie zu, während Sie lesen (in einer langjährigen Beziehung sicher eher selten), schließen Sie am besten die Augen (wirkt eh auf viele Frauen romantischer), so laufen Sie nicht Gefahr, sich plötzlich über die nachlassende Lipidproduktion und den zu geringen Kollagenanteil in der Haut der Partnerin Gedanken zu machen. Die scharfe Sicht birgt also nicht nur die Gefahr der porösen Selbsterkenntnis, es besteht auch das Risiko einer ungewollten Entdeckung im lachenden Mund des Gegenübers, auf dem Kopf des Kindes oder im gemischten Salat. Dass wir organische Teile eines großen Ganzen sind, ist klar, aber mit der Brille wünscht man sich gelegentlich eine strikte Trennung. Manches möchte man sich nicht mehr einverleiben, man wird zurückhaltender und überlegt zweimal, ob man wirklich scharf sehen möchte. Man kann die Brille auch einfach absetzen – schließlich waren wir glücklich und alle hübsch anzusehen, bevor das Ding in unser Leben kam.

Sollten Sie sich winden und noch davon ausgehen, dass es ja nicht jeden treffen muss und es Menschen gibt, die nie im Leben eine Brille (bzw. Kontaktlinsen oder eine OP) brauchen, muss ich diese Illusion leider fast vollkommen zunichtemachen. Es trifft jeden, nur in einem anderen Alter. Die einen tragen schon als junge Menschen eine Brille, die anderen als alte. Denn die Alterssichtigkeit entsteht dadurch, dass, egal ob das Auge vorher weit-, kurz- oder normalsichtig war, die Linse an Flüssigkeit verliert, wodurch ihre Elastizität nachlässt. Darum kann sie ihre Form bei der Naheinstellung nicht mehr verändern.

Die Faustregel besagt, dass dieser Prozess ab ca. 40 alle zwei Jahre um rund + 0,5 Dioptrien fortschreitet. Was ganz klar heißt: Durchschnittlich landet man gegen Ende dieser Veränderung der Nahsehschärfe im Alter von ungefähr 60 Jahren bei einer Addition von + 2,5 Dioptrien zu der vorher bestehenden Korrektur. Punkt. Aber jetzt kommt das Tolle: Wer früher – 2,5 dpt kurzsichtig war, nimmt mit 60 die Brille ab und kann bestens ohne lesen.

(Was derjenige allerdings in der Ferne sieht, steht auf einem anderen Blatt.)

Der Verlust der Elastizität beginnt also bei den Augen, greift dann auf die Haut über und fährt Ihnen irgendwann in die Glieder. Hatte ich Ihnen einen Rosengarten versprochen? Nein. Ihre Haut können Sie pflegen, viel Wasser trinken, manche behaupten, cremen hilft, und nicht zu rauchen ist erwiesenermaßen gut. Auch Ihren Bewegungsapparat können Sie einfach in Schwung halten, aber bei den Augen haben Sie keine Chance. Da muss nachgeholfen werden, wenn Sie auch in der zweiten Halbzeit was sehen wollen.

Ich habe von Menschen gehört, die Augengymnastik machen und stundenlang die Pupillen nach einem selbstaufgestellten Trainingsplan kreuz und quer rotieren lassen – doch so ein Augenbodybuilding kann nicht helfen, da es die mangelnde Flüssigkeit nicht zurückbringt. Möhren übrigens auch nicht …

Gut, inzwischen ist Ihnen klar: Wir alle kommen aus der Nummer nicht mehr raus. Beste Zeit für einen kleinen Ausflug. Als ich das erste Mal die Drogerie betrat, um eine passende Brille für mich zu suchen, wurde mir plötzlich klar, dass dies kein normales Geschäft ist, sondern ein Abbild meines Lebens. Alle Stationen waren schon immer da, meine Zukunft lag schon immer hier im Regal, aber ich habe sie nie gesehen. Doch heute, als ich den Brillenständer im Gang zwischen den Fußhobeln, Vergrößerungsspiegeln und Aschemasken suche, sehe ich mich noch als Kind im Kinderwagen, wie meine Mutter Wattestäbchen und Puder für mich kauft; dann, wie ich später die erste Pickelcreme und Haargel auf den Tresen lege. Im nächsten Augenblick schlägt mein Herz bis zum Hals, als ich den Schwangerschaftstest bezahle. Ich kaufe Windeln und Sonnencreme für den ersten Urlaub, schleiche mit schreienden Kindern am Bonbonregal vorbei, lerne die Abteilung mit Haarfarben und -tönungen kennen, und heute bin ich bei den Lesehilfen. Tatsächlich ist das hier ein Lebensshop – ein Geschäft, das alles hat, was ich brauche, von der Wiege bis zur Bahre. Ich hatte noch nie von Binden für Männer gehört, und die liegen gar nicht so weit von den Brillen entfernt … Als mein Blick auf Gebissreinigungstabs und Beileidskarten fällt, versuche ich, mich neu zu fokussieren. Ich habe verstanden, dass der Laden meine Zukunft kennt, das ist schrecklich, doch ich brauche eine Lesehilfe und darf mich nicht heute von Dingen fertigmachen lassen, die vielleicht (erst mal) für andere bestimmt sind. Also konzentriere ich mich auf den Drehständer mit roten, blauen und rahmenlosen Brillen, suche die Anfängerstärke von 1,0 Dioptrien, greife ein leicht eiförmiges bernsteinfarbenes Modell und gucke in den Spiegel. Ich sehe zwar ge-

20

stochen scharf, aber aus wie ein 50-jähriger Konfirmand auf dem Weg zum Häkelkurs. Bei aller Liebe, aber nur weil ich was lesen will, muss ich mich ja nicht lächerlich machen. Wenn es wenigstens eine Brillenumkleidekabine für Männer gäbe, aber hier, zwischen den Muttis und Mädchen, verliere ich wirklich das letzte Fünkchen an Selbstwertgefühl. Ich entscheide mich also, ohne einen weiteren Blick in den Spiegel, für ein randloses »Opa-soll-vorlesen-Modell« und verlasse schweißgebadet die als Drogerie getarnte Glaskugel.

Sie fühlen sich noch zu jung für den ganzen Quatsch oder sind mental noch nicht bereit für eine Brille? Dann können Sie übergangsweise Preisschilder oder Inhaltsangaben mit dem Handy fotografieren und das Foto groß ziehen – oder Sie benutzen in einem unbeobachteten Moment die bis dato belächelte Lupe am Einkaufswagen.

Für alle anderen gibt es jetzt noch ein paar nützliche Informationen von einer Augenärztin …

Kann ich die Altersweitsichtigkeit durch spezielle Ernährung oder Übungen hinauszögern?
Nein. Irgendwann trifft es jeden. Egal wo und wie man lebt. Es ist derzeit kein Umstand bekannt, der Einfluss auf den Prozess hat. Das Vitamin A der Mohrrübe hilft lediglich, die Zellstruktur der Netzhaut aufrechtzuerhalten – nicht aber der Linse.

Kann ich durch eine OP die Lesebrille vermeiden?

Ja, zum Beispiel durch Entfernen der eigenen Linse und Ersatz durch eine implantierte Multifokallinse – mit allen Risiken.

Auch ist es möglich, ein Auge zum Lesen für die Nähe und das andere für das Sehen in der Ferne mittels Laser zu korrigieren. Leider lässt sich durch eine solche OP aber keine Gleitsicht herstellen. Das heißt, jedes Auge kann nur den einen Bereich scharf abbilden.

Wäre eine Operation die beste Lösung?

Natürlich ist das dauernde »Brille auf, Brille ab«, eine für den Rechner, eine fürs Bett, eine für die Ferne, wirklich nervig, doch eine OP am eigentlich gesunden Auge – nur weil der Lifestyle es verlangt – ist nicht gerade eine bessere Option.

Wieso sehe ich schlechter, wenn ich die Brille länger aufhatte und sie dann abnehme?

Weil sich die Muskeln im Auge über längere Zeit nicht anstrengen mussten und daher kurz nach dem Absetzen der Brille nicht mehr so aktiv sind wie zuvor. Doch dieser subjektiv empfundene Effekt lässt wieder nach – tatsächlich verschlechtern sich die Augen durch das Tragen einer Brille nicht.

Können Kontaktlinsen helfen?

Ja, dabei erhalten Patienten häufig für beide Augen unterschiedliche Linsen: eine für die Nähe, die andere für die

Ferne. Bis zu einem gewissen Grad kann man üben und sein Gehirn daran gewöhnen, mit dem einen Auge nur in der Nähe und mit dem anderen nur in der Ferne scharf zu sehen – bis maximal ca. 4 Dioptrien Unterschied lassen sich so unter Umständen ausgleichen.

Ist eine billige Brille aus der Drogerie schlechter als eine teure vom Optiker?

Die Billigbrille aus dem Supermarkt hat ihre Berechtigung, wenn jemand nur in der Nähe nicht mehr scharf sieht und eine Brille zum Lesen benötigt. Wenn beide Augen gleich sind, d. h. links und rechts der gleiche Dioptrien-Wert angezeigt ist, und keine Hornhautverkrümmung vorliegt, dann sind Billigbrillen vollkommen ausreichend.

Aber schaden kann man seinen Augen nicht, immer vorausgesetzt, die Augen sind genau gleich!

Tipp:

Ein einfacher Test macht deutlich, ob die Brille für Sie gut ist: Brille aufsetzen und erst mit dem einen, dann mit dem anderen Auge einen Text in gleichem Abstand fixieren. Wenn beide Augen einzeln scharf sehen, dann ist die Brille sinnvoll. Stellen Sie aber fest, dass der Text bei einem Auge etwas unschärfer erscheint, sollten Sie sich vom Optiker eine Brille herstellen lassen.

GRAUE HAARE

>>Ich wollte komplett von null beginnen, einen neuen Start, nachdem wir mit Argentinien bei der Copa America wieder ein Finale im Elfmeterschießen verloren hatten.<<
(Lionel Messi über seine blond gefärbten Haare)

Manche Menschen scheinen einfach Glück zu haben: Rex Gildo, Rod Steward oder unser – im Vergleich zu den beiden nicht ganz so gewitzte – Altkanzler Schröder zum Beispiel. Wir anderen gucken irgendwann skeptisch in den Spiegel, lassen erste graue Haare mit der Pinzette verschwinden, und uns wird zunehmend klar, dass ein normaler »Bad Hair Day« absolut lächerlich war im Vergleich zu dem, was sich plötzlich da oben unaufhaltsam und rasant vermehrt. (Übrigens: Tageslicht im Bad macht es noch schlimmer.)

Rex Gildo sah bei seinem letzten TV-Auftritt genauso aus wie bei seinem ersten. Was die Haare betrifft. Und auch Rod Steward und Gerhard Schröder haben eine scheinbar stets unveränderliche, jede auf ihre Art einzigartige jugendliche Matte auf dem Kopf.

Selbst wenn Sie einen der Herren früher belächelt haben, damals, als Sie sich noch nicht vorstellen konnten, wie fluchtartig das Melanin Ihr Haar verlässt und alles an körpereigener Farbe mit sich nimmt, so werden Sie die drei nun für ihr vorausschauendes Handeln bewundern. Natürlich haben sie diesbezüglich nicht mehr Glück als andere, sie haben nur der senioriden Haarpracht ein Schnippchen geschlagen und die Pigmente frühzeitig selbst in die Hand genommen. Rex Gildo und Rod Steward sahen für mich immer gleich aus, eben weil die beiden nicht lange gezögert haben, sondern die Zeichen der Zeit gleich erkannten. Das damalige deutsche Regierungsoberhaupt hingegen war nicht ganz so pfiffig, er entschied sich erst nach der »Pinzettenphase« gegen die Natur und griff zu einem Produkt, welches das bereits ergraute Haar unauffällig wieder in seinen Anfangszustand versetzen sollte – und das ging leider schief. Die Bürgerinnen und Bürger glaubten nicht an das Wunder der körpereigenen Farbrückkehr und belächelten ihren Kanzler.

Wir Menschen mögen offenbar lieber die ehrliche Fälschung als die vertuschte Wahrheit. Wobei man hier ganz klar zwischen den Geschlechtern unterscheiden muss. Bei Männern wird einfach davon ausgegangen, dass sie alle sein wollen wie George Clooney (der für »hammer-sexy-cooler Typ mit 50« steht wie »Tempo« für Taschentücher) und sich automatisch fühlen wie sein Doppelgänger, sobald sie graue Haare bekommen. Aber das ist Quatsch. Es sieht ja auch nicht jede blonde Frau aus wie Claudia Schiffer. Und wenn wir ehrlich sind, dann wissen wir das auch. Trotzdem ist es so, dass Männer in unserer Gesellschaft angeblich mit den Jahren an Attraktivität gewinnen, dieses positive Vorurteil auf Frauen aber keine Anwendung findet. Ganz im Gegenteil.

Ich fürchte, kaum ein Mann sieht im Traum eine graue Mähne vor, unter oder über sich lustvoll auf und ab wippen. Solange er sich noch selber die Schuhe zubinden kann, will kein Mann in dieser Liga spielen. Daher also die große Akzeptanz gefärbter Haare bei Frauen. Es ist geradezu ein Muss, um nicht durch alle Beuteschemen zu fallen und als Milf* im Fokus zu bleiben.

Sicher gibt es einige beratungsresistente Frauen, die sich im Zuge der inzwischen vollkommen verschwommenen Grenzen der Geschlechterrollen keine Chemie mehr auf den Kopf massieren lassen wollen, sondern selbstbewusst dazu stehen, im Laufe der Zeit zu ergrauen. Das findet (meiner persönlichen Umfrage nach) ausschließlich bei anderen Frauen Zustimmung und zeugt unter ihnen (anscheinend) von Selbstbewusstsein. Doch das ist gefährlich, denn auch wenn wir mittlerweile länger leben, heißt es noch lange nicht, dass das Urwesen des Mannes sich im gleichen Tempo entwickelte und heute die instinktive Partnerwahl zur Erhaltung der Art nicht mehr an gesundes, jugendliches Aussehen gekoppelt ist, dafür aber der ehemals den Großeltern vorbehaltene Look Einzug unter den Brautschleier hält.

Wie auch immer, am wichtigsten ist doch, dass wir uns in unserer Haut wohl fühlen. Und das am besten unabhängig davon, wie die anderen einen sehen. Der altersgerechte Blick

---

* umgangssprachlich: Mother I like to fuck/Synonym für: attraktive, begehrenswerte Frau mittleren Alters

in den Spiegel sollte uns gefallen. Wer sich mit grauen Haaren attraktiv findet, hat recht.

Wer aber keine Lust hat, ein halbes Leben ergraut herumzulaufen, aus welchen Gründen auch immer – sei es, um sich dem jugendlichen Team anzupassen, in der Schule nicht als der Opa des eigenen Kindes angesprochen zu werden oder weil die Partnerin es sich wünscht –, der sollte sich keinesfalls scheuen, die Haare zu tönen oder zu färben. Einfach damit er oder sie sich wohler fühlt. Der Körper verändert sich täglich und wir reagieren darauf, indem wir (wie ein Gärtner oder Restaurateur) nachbessern und alle unangenehmen, hässlichen Auswüchse beschneiden, zupfen, feilen, schminken, abhobeln oder was auch immer. Warum sollten wir uns nicht die Haarfarbe gönnen, die wir gerne hätten? Oder die 40 Jahre lang treu unser Begleiter war? Frauen machen das aus oben genannten Gründen schon immer, Männer tun es meist noch heimlich, in der Hoffnung, keiner merkt's. Warum? Wieso ist für den einen schlecht, was dem anderen guttut? Nehmen wir ein Doppelhaus: Streicht man nur die eine Hälfte, sieht die andere umso verfallener aus.

»Eure Probleme möchte ich haben«, denkt hier zu Recht der Mann mit Glatze … Denn das ist ja noch eine ganz andere Situation. Sobald sich das Kopfhaar aus dem Staub macht und den Blick auf den blanken Schädel freigibt, ist, um es mal ganz plump auszudrücken, die Kacke am Dampfen. In meinen schlimmsten Albträumen fallen mir die Haare aus, und ich erwache schweißgebadet – doch für viele von uns ist das bittere Realität, und zwar nicht erst mit 50.

Leider kann man durch einen Blick aus der Vogelperspektive auf den Kopf des eigenen Opas und Vaters eine recht gute Prognose darüber erstellen, ab wann man selber eine Mütze braucht. Ich kenne keinen Mann, der sich nicht Sorgen um die Verweildauer des Haupthaares macht, und wohl dem, der rechtzeitig den Mut zur Transplantation hat, bevor es oben nichts mehr zu verpflanzen gibt. (Wahrscheinlich könnten auch Haare aus kopffernen Körperregionen verpflanzt werden, doch wer hat in unserem Alter noch Bock, mit Brust- oder Schamhaar auf dem Kopf herumzulaufen?) Es lohnt sich also, um jedes einzelne Haar zu kämpfen und es zu pflegen. Dazu werden unzählige Produkte angeboten, welche die verschiedenen Erscheinungsformen des *Effluvium capillorum* stoppen oder zumindest die Haarflucht verlangsamen sollen. Auch die Hoffnung auf Neuwuchs wird geschürt und von vielen in ihrer Verzweiflung teuer bezahlt. Manche berichten von Erfolgen, andere kapitulieren und entscheiden sich für ein klares Bekenntnis zur Glatze. Bruce Willis hat ebenso wie Meister Propper und Kojak bewiesen, dass dieser radikale Schritt durchaus Ansehen, Erfolg und schöne Frauen nach sich ziehen kann. Umfragen haben es belegt: Wir trauen Glatzköpfen mehr Selbstbewusstsein zu, sie erscheinen uns stärker und zielstrebiger als Männer mit dünnem Haar. Laut einer amerikanischen Studie finden sogar 54 Prozent der Frauen eine Glatze besonders sexy. Angeblich stehen die Abwesenheit von Haupthaar und die Anwesenheit von Testosteron in engem Zusammenhang, woraus der Volksglaube besondere Qualitäten im Bett ableitet, doch das ist leider widerlegt und somit Blödsinn. (Womit 46 Prozent der amerikanischen Frauen weniger Enttäuschungen in der Kiste erleben werden als ihre durch falsche Erwartungen angetörnten Artgenossinnen.) Das Gesetz »Glatze = Hengst« gibt es nicht. Es lassen sich somit ehrlicherweise kaum Vorteile in frühem Haarverlust erkennen. Wohl dem also, der die Chance hat, sein Haar ergrauen zu sehen. Er kann es wachsen lassen oder schneiden, stolz seine Lebenserfahrung im Silber spiegeln oder es nach Herzenslust tönen oder färben.

Will man einen natürlichen Look, sollte man nicht übertreiben und die eigene Hautfarbe als entscheidenden Faktor betrachten. Dunkle Haut und blauschwarze Haare sind eher Südländern vorbehalten, daher sehen einige von uns blassen Deutschen nach dem übereifrigen Färben aus wie ein Playmobilmännchen. Auch die Bartfarbe ist zu bedenken. Wollen Sie den mitfärben? Dann Achtung: Der Ansatz wächst noch schneller raus, und dieser Anblick ist mit das Lächerlichste, was wir Männer so zu bieten haben.

Jeder so, wie er mag. Man kann mit der unmöglichsten Frisur und Färbung Diktator oder amerikanischer Präsident werden. Und auch der furiose Fall eines Starregisseurs hatte mit seiner Haarpracht samt deutlich gefärbtem Bart eindeutig nichts zu tun.

So, jetzt machen wir aber mal Nägel mit Köppen:

Beim Friseur kostet Haarefärben ca. 150 Euro und dauert zwei bis drei Stunden. Für € 5,99 gibt es gute Farbe in der Drogerie, und mit etwas Übung hat man in 30 Minuten einen sehr ähnlichen, wenn nicht sogar besseren Effekt. Es ist kein großer Aufwand und viel einfacher, als uns Fachleute erzählen, vor allem für Männer. Die wenigsten von uns haben schulterlanges Haar, wir wollen keine Highlights (oder Strähnchen), sondern einfach nur nicht den Rest unseres Lebens in Grau rumlaufen. Das können wir noch lange genug.

Ausprobieren?

Der erste Schritt ist der peinlichste (etwa so, wie das erste Mal als Teenager Tampons für die Freundin zu kaufen). In der Drogerie suchen Sie ungefähr dort, wo auch Haarshampoo und Gel stehen, nach den Farben. Lassen Sie sich nicht von den 500 Frauenprodukten in unzähligen Nuancen mit 1000 verschiedenen Porträts von bekannten und unbekannten Haarmodels irreführen – die können Sie als Mann genauso gut benutzen. Sie müssen nicht zu der Bückware von angeblich renaturierenden Anti-Grau-Produkten für den Herrn greifen. Suchen Sie sich einfach eine passende Farbe aus und bezahlen diese ganz normal an der Kasse. Beim ersten Mal können Sie einige Rollen Küchenpapier oder Damenbinden mit erwerben, natürlich geht auch Mon Chérie, Nagellack oder Waschpulver, dann sieht es so aus, als ob Sie für Ihre Frau einkaufen. In Zukunft gehen Sie sicher schon viel selbstbewusster rein und kaufen ohne mit der Wimper zu zucken die Farbe nach, die Sie schon auf dem Kopf tragen. Zu Hause angekommen, rennen Sie nicht gleich ins Bad, sondern holen aus dem Keller, der Garage oder dem Gartenhäuschen ein Paar Einmalhandschuhe, so wie der Arzt sie trägt: also aus Latex oder Vinyl, keine aus Leder oder unkaputtbarem Heavy-Duty-Material. Die mitgelieferten Exemplare in der Farbpackung sind nichts für Männer. Die sind nur für zarte, kleine Frauenhände bestimmt und nicht sehr elastisch. Da Sie nachher einige Zeit tatenlos zusehen müssen, wie das Produkt auf Ihrem Kopf seinen Job macht, sollten Sie sich noch etwas Unterhaltung oder Workout für die kommende halbe Stunde mitnehmen. Ich empfehle ein Deuserband, Hanteln und – wenn Sie mögen – eine drahtlose Box für Musik. Im Bad angekommen, entledigen Sie sich sicherheitshalber als Erstes aller Kleidung (um dauerhafte Flecken zu vermeiden), öffnen die Farbpackung im Waschbecken, entnehmen die beiden Komponentenflaschen sowie die Spülung und lesen die Gebrauchsanweisung. (Das sollten Sie beim ersten Mal wirklich tun!) Die mitgelieferten Handschuhe kommen direkt in den Plastikmüll. Dann vermischen Sie die zwei Komponenten und schütteln kräftig die wieder gut verschlossene Flasche, sozusagen schon als Warm-up für das kommende Training. Stellen Sie die Flasche ins Waschbecken – und Achtung: Jetzt ist es wichtig, die OP-Handschuhe anzuziehen, bevor Sie die geschüttelte Flasche öffnen! Sobald Sie den Deckel gelöst haben, wird ein erster Farbschuss das Licht der Welt erblicken, und den wollen Sie schnell mit der Hand aufwischen, wo auch immer er gelandet ist – das geht später nicht mehr raus! Und nun legen wir los: Verteilen Sie die Farbe aus der schlanken Öffnung mit der freien Hand ordentlich in den Haaren, dabei achten Sie besonders auf den Ansatz, vermultschen alles ein biss-

31

chen ungleichmäßig – und schon entsteht ein natürlicherer Look. Je nach Menge und Länge Ihrer Haare verbrauchen Sie mehr oder weniger Farbe. Sobald Sie den Eindruck einer ordentlichen Matsche auf dem Kopf haben (ohne dass Sie Gefahr laufen, den Boden vollzutropfen), wischen Sie mit einem Stückchen Toilettenpapier die überschüssige Farbe von der Stirn und den Ohren und streifen die Handschuhe so ab, dass der eine Handschuh den anderen sozusagen frisst. (Damit haben Sie sichergestellt, dass keine Farbe irgendwo landet, wo sie nicht hin soll.) Dann entsorgen Sie alle benutzten Tuben und die Pappschachtel, stellen die mitgelieferte Spülung in der Dusche parat und schauen auf die Uhr: Ab jetzt haben Sie ca. 25 Minuten, um Liegestütze zu machen, am Deuserband zu ziehen oder ein Hanteltraining zu absolvieren. Vorsicht ist allerdings bei Liegestützen und Sit-ups geboten, da hier leicht Farbe auf den Boden oder die Unterschränke gelangen kann. Egal, was Sie tun: Achten Sie immer auf die Zeit, denn das Produkt sollte nicht länger als insgesamt 30 Minuten einwirken (gerechnet vom Beginn des ersten Haarkontakts).

Ist die Zeit um, springen Sie unter die Dusche und waschen alles gründlich aus. Sollte die Dusche nicht rundum geschlossen und gekachelt sein, dann sollten Sie Spritzer an den Wänden (und damit späteren Ärger) vermeiden. Sobald das Wasser klar ist, greifen Sie zur Spülung und belassen diese gute drei Minuten im nassen Haar, bevor Sie sie ebenso gründlich auswaschen und die Dusche als ein neuer Mensch verlassen.

Nun trocknen Sie sich wie gewohnt ab, keine Angst: Ihr Kopf färbt nicht.

Nach Ihrer ersten erfolgreichen Färbung sollten Sie die Prozedur ungefähr alle vier Wochen wiederholen, je nachdem, wie sehr man den nachwachsenden Haaransatz sieht. Logischerweise ist das schneller der Fall, je grauer Ihre echten Haare sind und je dunkler die neue Farbe ist. (Blond ist hier, wie so oft im Leben, von Vorteil.) Wenn Sie also nicht aussehen wollen wie Ihre alte Klavierlehrerin, sollten Sie ab jetzt den Mittelscheitel vermeiden oder rechtzeitig nachlegen ...

Es gibt aber auch eine Alternative (besonders für Anfänger geeignet): Anstelle von richtiger Farbe können Sie zu einer Tönung greifen, welche lediglich die grauen Haare überdeckt und sich mit der Zeit wieder auswäscht. Der Vorteil dabei ist, dass es weniger auffällt, da Sie nicht plötzlich eine ganz neue Haarfarbe haben und das vorhandene Grau nicht vollkommen weg ist. Auch der Haaransatz fällt nicht so sehr auf, und alles geht geschmeidiger ineinander über. Die Tönung verlässt Ihr Haar mit jeder Wäsche ein bisschen mehr, und Sie entscheiden, wann Sie wieder nachlegen oder ob Sie es bei dem einmaligen Versuch belassen – es fällt bei diesem schleichenden Prozess kaum auf, wenn Sie eines Tages wieder grau und farblos sind.

Jeder ist seines Glückes Schmied und kann sich frei entscheiden, ob er der Natur einfach so ihren Lauf lässt oder gewisse menschliche Errungenschaften nutzt. Man muss Fingernägel nicht schneiden und kann selbstverständlich überall Haare wachsen lassen. Wenn Sie damit glücklich sind und Ihre Frau es erträgt, bitte. Aber schön ist was anderes. Neben der selbstverständlichen grundlegenden Pflege unseres – einst so straffen – Körpers finde ich es absolut wichtig, sich nicht schon am Morgen vor dem Spiegel zu fühlen wie ein ungetoastetes Weißbrot. Ich weiß nicht, wie es Ihnen geht, aber wenn der erste Blick ins eigene Gesicht mir sagt »Du bist echt 'ne coole Wurst, so eine anstrengende Woche, und du siehst schon um 6.30 Uhr total frisch aus, Hut ab!«, dann habe ich automatisch eine ganz andere Energie, als wenn ich meinem kalkig-grauen Selbst in die müden Augen blicke. Im tristen Winter rettet Sie vielleicht auch mal das Solarium, wenn Sie nicht übertreiben. (Irgendwo zwischen Schneewittchen und Siegfried & Roy liegt hier die Wahrheit.)

Tipps von Udo Walz, Friseur der Kanzlerin:

➤ Männer entscheiden sich häufig für einen zu dunklen Farbton, das macht nicht jünger, es sieht einfach nur unnatürlich aus.

➤ Prinzipiell sind alle Haarfärbeprodukte unisex, d. h., sie funktionieren für Männer ebenso wie für Frauen. *Aber Achtung:* Trendfarben wie z. B. Variationen von Schokobraun sollten Männer lieber nicht benutzen, sie sehen damit eher lächerlich aus.

➤ Männer sollten einen Rotstich unbedingt vermeiden und auf Natürlichkeit achten. Das erreicht man am besten durch den Einsatz von »Asch-Tönen« und einen Übergang an den Schläfen zum eigenen Grau. *Also:* Sie wollen nicht den Kellerboden gegen auslaufendes Öl schützen, sondern es ist Ihr eigener Kopf, den Sie da ein (bisschen feminin) behandeln. Tönen Sie also nicht alles gleichmäßig, achten Sie vielmehr auf einen gefühlvollen Verlauf.

SIXPACK

Treppen sind grundehrlich. Sie machen einem nix vor und lassen sich auch durch einen festen Griff am Geländer nicht bestechen. Rauf ist kein Problem (wenn die Knie mitmachen). Runter aber sprechen sie eine klare Sprache: Wenn das Fett auf der Vorderseite meines Körpers nachwippt, ist der Rubikon für mich überschritten. Es wäre gelogen zu sagen, dass es mich plötzlich trifft, leider habe ich es meist schon lange kommen sehen, nur verdrängt. Nach jeder Wäsche sind die Hosen irgendwie enger, das liegt natürlich am Waschen oder Trocknen, aber dass die Oberhemden zwischen Adamsapfel und Solarplexus durch drei übereinander stehende Achten von Knopf zu Knopf den Blick auf die Haut freigeben, hat sich erst in der letzten Zeit gezeigt, ist kontinuierlich mehr geworden und somit ein eindeutiges Indiz für neu anhaftendes Körperfett.

Wie dick andere Menschen sind, ist mir vollkommen egal. Meine dicken Freunde erscheinen mir fröhlicher als die dünnen, und ich käme nie auf die Idee, jemanden wegen seines fülligen Körperumfanges geringer zu schätzen. Nie. Nur mich selber. Ich habe keine Ahnung, warum mir das so wichtig ist, wo ich es doch bei anderen nicht einmal sehe. Aber sobald ich auf einer Treppe abwärts das Wobbeln fühle, krieg ich schlechte Laune. Wahrscheinlich weil mir damit klar ist, dass ich ab sofort kein Bier mehr trinken darf, Süßes tabu sein sollte und ich regelmäßig Zeit für Sport einplanen müsste, obwohl das momentan extrem schlecht in den Kalender passt. Mir schießt aber auch eine Alternative durch den Kopf: Wenn es schon wobbelt, dann ist es eh zu spät für die Notbremse, und ich könnte mal richtig los- und mich gehenlassen. Einfach eine Zeitlang auf nichts achten, einfach alles reinstopfen und das Leben in vollen Zügen genießen.

Von nun an werde ich ohne das geringste schlechte Gewissen auf dem Sofa Chips essen. Ich habe den ganzen Kühlschrank voller Bierflaschen, benetzt von perlenden Tropfen, als seien sie soeben einem Gebirgsbächlein entnommen und warteten nur auf den Anpfiff des Champions-League-Finales. Sahne und Eierlikör halten Einzug in mein kulinarisches Leben. Ich ignoriere die Falte auf Höhe des Bauchnabels, die mein T-Shirt in sich hineinzieht und droht, es in der Ritze schweißig zu ersticken – ich lasse es einfach stecken. Ich versuche nicht mehr, es unauffällig aus dem Handgelenk, mit einer geschickt ausgeführten, aber scheinbar sinnlosen Geste herauszuzupfen, bevor mein (zweiter) Rettungsring sich abzeichnet – denn ich bin ja dick. Alle wissen es. Ich vertusche es nicht, sondern ich bin der lustige Dicke, den jeder mag und der sich sauwohl fühlt, so wie er ist. Ich bin ein Partytier, sage Nein zu nichts, werde offen beäugt und heimlich beneidet, denn ich beuge mich weder einem Body-Mass-Index noch dem Trugbild eines Wäschemodels, das sich von 26 Bananen am Tag ernährt. (Ich traf ihn im Fitnessstudio eines

Hotels in Monaco, wo er täglich acht Stunden verbringt, ist wahr – ich schwöre!)

Okay. Ich gebe es zu: Das waren jetzt sehr viele Worte für einen Sekundentraum. »Sekunde« ist schon übertrieben, tatsächlich genieße ich dieses fette Selbstbildnis nur für den winzigsten Bruchteil einer extrem kurzen Millisekunde, um dann übergangslos übellaunig zu werden bei dem Gedanken, ab sofort kein Bier mehr zu trinken. Und keinen Wein, auch nicht zu Pasta. Da bin ich schon am Morgen echt sauer, wenn ich weiß, abends treffen wir uns bei meinem Lieblingsitaliener, wo ich keinen samtigen Rotwein zur – im Käselaib geschwenkten – Trüffelpasta genießen werde, um eine wahre Geschmacksbombe im Munde eruptieren zu lassen. Stattdessen spüle ich das Ganze mit einem Schluck Wasser runter, während die anderen mir mitleidig mit ihren Weingläsern zuprosten. Aber was soll man machen, wenn man sich selber zu dick findet. Da muss gehandelt werden. Ich weiß, es ist nur in meinem Kopf und vollkommen lächerlich. Selbst wenn mich alle schlank finden, kann ich mich sehr wohl fett fühlen. Ich sehe es ja, und vor allem kenne ich den Unterschied zum »Look and Feel« wenige Wochen zuvor – als noch nichts auf der Treppe wobbelte.

Den wahrscheinlich besten Tipp bekam ich von einem Freund, der nur noch Bergsimulationskammer-Höhentraining macht. Die Butze steht in einem Fitnessstudio, und da drin herrscht angeblich genauso dünne Luft wie auf irgendeinem Plateau in Mexiko. Sobald er also versehentlich ein paar Tage mehr gegessen hat, als er wollte, geht er hin und trainiert ein paar Wochen wie ein Profisportler. Bis er dünn ist. Dann hört er auf, und sobald er wieder zehn oder 20 Kilo zugenommen hat, verschwindet er in der Kammer, und los geht's … Die dünne Luft in der Kammer führt in unserem Körper zu einer verstärkten Mitochondrien-Aktivität, und damit steigt die Energieverbrennung im Muskel und so natürlich auch der Kalorienverbrauch. Außerdem wirkt die Höhenluft als Appetitzügler und stimuliert die Serotonin- und Dopaminausschüttung, was wiederum für Ausgeglichenheit und gute Laune sorgen soll. Und wie sonst soll man die bitte kriegen, wenn einem keine Klamotte mehr passt, weil man gerade völlig aus dem Leim geht?

Nun ist es mal an der Zeit, einen Schritt zurückzutreten und einen realistischen, dem Alter entsprechenden Blick auf uns zu werfen. Wir sind nicht mehr 20, und der Körper verändert sich im Laufe des Lebens bei jedem Menschen. Sicher haben wir alle die Wahl, entweder selber Sport zu treiben oder anderen dabei zuzusehen und uns währenddessen ein Bier und Chips (oder für die süße Fraktion: Cola und Weingummi) zu gönnen. Mit dieser grundlegenden Entscheidung haben wir enormen Einfluss darauf, wohin die Reise geht. Klar ist, wer viel isst, sich aber nur wenig bewegt, nimmt an Gewicht zu, und jemand, der wenig isst und sich viel bewegt, eher nicht. Das Verhältnis von aufgenommenen zu verbrannten Kalorien macht logischerweise den Unterschied. Führe ich weniger Kalorien am Tag zu, als ich verbrenne, nehme ich ab. Vergessen Sie Diäten. Essen Sie die Hälfte.

Fertig. Wenn Sie es immer noch nicht wissen, dann sollten Sie spätestens jetzt herausfinden, welche Nahrungsmittel gesunde Nährstoffe liefern und welche nur stopfen, aber keine Energie schenken, sondern sich einfach bloß in Fett verwandeln, ohne dabei den Muskeln etwas abzugeben.

Sie merken, ich habe bis hierher das Wort »Sixpack« nicht einmal verwendet, denn davon sind wir noch ganz weit entfernt. Und das hat vor allem mit unserem Alter zu tun.

Kurzer Exkurs in Medizin und Forschung:

Je älter wir werden, desto lieber sammelt sich das Fett um den Bauch herum und legt sich gemütlich auf die Hüften. Dieser traurige Effekt resultiert daraus, dass sich der Stoffwechsel unseres Körpers verändert und das Fett der Bauchregion nicht mehr so leicht verbrannt wird wie in jungen Jahren. Bei Versuchen an Ratten fanden Forscher neuerdings Hinweise, die sich womöglich auf den Menschen übertragen lassen. Demnach würden die Nervenzellen im Bauchfett der Versuchstiere normalerweise den Überträgerstoff Noradrenalin ausschütten und dadurch den Fettabbau ankurbeln. Im Alter würden diese Funktionen enzymatisch gestört, mit der Folge, dass der Abbau des gespeicherten Fettes gebremst wird. Die Versuchstiere bleiben in der Folge dick. Wie weit dieser Mechanismus beim Menschen zutrifft, bleibt unwiderlegbar zu beweisen.

Manche Prozesse sind leider in unserem Menschsein verankert. Angeblich sollte es mit unseren Körpern theoretisch möglich sein, 125 Jahre alt zu werden – und zwar für jeden. Gemeint ist damit, dass unsere Zellen in der Lage wären, so lange ihren Job zu machen. Vorausgesetzt, wir bekommen alle Krankheiten in den Griff, die sie sonst schon vorzeitig zerstören. Doch nach Ablauf der maximal 125 Jahre wären unsere heutigen Zellen einfach nicht mehr funktionsfähig. Es ist eine natürliche biologische Grenze – und es geschehen während des Alterns unschöne Dinge in und mit unseren Körpern, die wir weder wollen noch befriedigend erklären können. Da kann man also nix machen, sondern muss mit dem Verfall leben, so frustrierend das auch sein mag. An einigen kleinen Schrauben können wir aber trotzdem ein wenig drehen. So lassen sich manche Prozesse zwar nicht vollkommen aufhalten, aber wenn wir verstehen, was da so in uns abläuft, können wir wenigstens lernen, darauf zu reagieren, und so manches Unheil noch etwas vor uns her-schieben – wie das Bauchfett zum Beispiel.

Gebe ich mich nun aber nicht damit zufrieden, die Wampe nur los zu sein, sondern will auch noch meine Bauchmuskeln sehen, dann ist es ratsam, einen Blick auf den Fettanteil im ganzen Körper zu werfen. Der durchschnitt-liche Körperfettanteil bei einer Frau um die 45 Jahre liegt zwischen 23 – 34 Prozent, bei einem gleich alten Mann zwi-schen 11 – 22 Prozent. Um erste Muskelstrukturen zu er-kennen, muss der Körperfettanteil unter 15 Prozent liegen. Ein echtes Sixpack ist zu sehen, wenn er unter zehn Prozent liegt.

(Nur um sich selber einschätzen zu können: Der Welt-fußballer Cristiano Ronaldo hat im Alter von 33 Jahren an-geblich einen Körperfettanteil von sieben Prozent und eine

Muskelmasse von 50 Prozent. Normal für einen Profifußballer in seinem Alter wären zehn Prozent zu 45 Prozent.)

Der durchschnittliche Körperfettanteil:

Alter (Jahre)	Frauen				Männer			
	niedrig	normal	hoch	sehr hoch	niedrig	normal	hoch	sehr hoch
20-39	< 21 %	21-33 %	33-39 %	≥ 39 %	< 8 %	8-20 %	20-25 %	≥ 25 %
40-59	< 23 %	23-34 %	34-40 %	≥ 40 %	< 11 %	11-22 %	22-28 %	≥ 28 %
60-79	< 24 %	24-36 %	36-42 %	≥ 42 %	< 13 %	13-25 %	25-30 %	≥ 30 %

Wir sehen hier ganz deutlich, dass es in jedem Alter möglich ist, ein sichtbares Sixpack zu bekommen, vorausgesetzt, man ernährt sich entsprechend und trainiert seine Muskeln. Aber: Natürlich steht in der Tabelle nicht, wie hoch der Aufwand dafür ist. Denn wie wir von den Ratten oben gelernt haben, will der Körper von sich aus ab einer bestimmten Altersklasse gar nichts anderes, als das Fett gemütlich um den Bauch herum zu sammeln. Wenn wir also etwas anderes wollen als unser Körper, dann können wir uns nur durchsetzen, indem wir die Nahrungszufuhr verringern und uns bewegen. Und zwar ordentlich. Früher haben vielleicht ein paar Sit-ups und etwas Joggen gereicht, doch je älter wir werden, desto mehr Sport müssen wir treiben, um die gleiche Menge an Kalorien zu verbrennen. Und das nicht nur mal eben, sondern immerzu.

Leider ist es aber so, dass die meisten von uns zusätzlich auch einige andere Baustellen haben, die sie – selbst bei voller Motivation – abschrecken, einen Jahresvertrag im Fitnessstudio abzuschließen. Es sind ja nicht nur die Schmerzen in Rücken, Nacken, Schulter oder den Knien, es ist auch eine Frage der Zeit. Wenn ich eine Stunde joggen oder schwimmen will, muss ich auch eine Stunde dafür übrig haben. Wo soll die herkommen, wenn ich doch den ganzen Tag schon ununterbrochen durch die Gegend hetze? Nach 22 Uhr, wenn die Spülmaschine läuft? Vor 6.30 Uhr, damit ich rechtzeitig zurück bin, um ein Kind in die Kita oder Schule zu bringen, oder während der Mittagspause, statt Döner um die Ecke, Laufschuhe raus und einmal durch den Park? (Vorher checken: Wo umziehen, wo duschen.) Sicher gibt es auch Fitnessstudios, die 24 Stunden geöffnet sind, da können Sie auch duschen und vor allem einige andere Übungen machen, um nicht nur Kalorien zu verbrennen, sondern Muskeln aufzubauen. Denn das sexy Sixpack ist ja nicht nur ein Hingucker am Strand, sondern vor allem auch eine prima Sache, um Zipperlein wie den anfälligen Rücken in Schach zu halten. Je stärker die Bauch- und Rückenmuskulatur, desto weniger Rückenschmerzen.

Ehrlich gesagt: Ich glaube, dass Schmerzfreiheit und Schadensbegrenzung inzwischen die Hauptmotivation für Sport sind. Optische Reize wie ein Sixpack sind schließlich sinnlos, wenn ich mich nicht mehr gerade auf den Beinen halten kann. Was nützt mir ein 54er Bizeps, wenn ich solche Nackenschmerzen habe, dass ich nur noch auf einem Heizkissen liegen will?

Je fitter ich mich halte, desto wohler fühle ich mich, selbst wenn das Sixpack nicht sichtbar ist. Wer will das denn bei uns noch sehen? Es ist nicht nötig, jetzt noch mit 20-Jährigen zu konkurrieren. Wollen wir doch gar nicht mehr. Wir möchten einfach Sport treiben, um so lange wie möglich gesund und fit in Körper und Geist zu sein. Wir sind jetzt ruhiger geworden – stimmt's? Und werden Sie doch einmal angesprochen, warum Sie nicht trainieren wie ein Bekloppter, nur damit man dem absurden Schönheitsideal aller Altersklassen gerecht wird, gebe ich Ihnen hier einen bekannten Spruch als Antwort mit auf den Weg: »Sixpack hatte ich schon, steht mir nicht.«

Hier zwei Übungen, die wenigstens schon mal gegen Rückenschmerzen helfen:

1. Superman
Sie legen sich mit dem Bauch auf den Boden und strecken Ihre Arme nach vorne und die Beine nach hinten aus. Nun heben Sie Ihren rechten Arm und das linke Bein ausgestreckt so weit wie möglich nach oben an. Halten Sie die Spannung am höchsten Punkt für einige Sekunden und senken Arm und Bein anschließend wieder nach unten ab. Dann wiederholen Sie die Übung mit dem anderen Arm und Bein. Im nächsten Schritt heben Sie gleichzeitig beide ausgestreckten Arme so weit wie möglich nach oben an. Am höchsten Punkt halten Sie die Spannung für ein paar Sekunden. Dann senken Sie die Arme wieder langsam nach unten ab. Anschließend machen Sie das Gleiche mit den

Beinen, während die Arme am Boden bleiben. Als Letztes: beide Arme und beide Beine gleichzeitig.

2. Crunches

Sie legen sich in Rückenlage auf den Boden und winkeln die Beine an, so dass Ihre Fußsohlen flach auf dem Boden stehen. Der Abstand zwischen den Beinen ist maximal hüftbreit. Ihre Hände berühren mit den Fingerspitzen rechts und links den Kopf, und die Ellenbogen zeigen zur rechten und linken Seite. Der Kopf ist in seiner natürlichen Position, mit Blick nach schräg oben. Das Kinn liegt nicht auf der Brust, und der Kopf sollte nicht im Nacken liegen. Jetzt heben Sie die Brust vom Boden ab und bewegen sie in Richtung der Kniegelenke. Dabei wird der Oberkörper leicht gekrümmt (daher: crunch). Während dieser Bewegung atmen Sie aus. Im Anschluss atmen Sie ein und senken den Oberkörper wieder nach hinten ab. Aber nicht ganz auf den Boden. Kopf, Arme und Schultern bleiben in der Luft. Die Schulterblätter dürfen den Boden erst wieder berühren, wenn die Übung abgeschlossen ist! Während der gesamten Übung bleibt Ihre Kopf- und Armstellung unverändert. Nur der Oberkörper bewegt sich, um die Crunch-Bewegung auszuführen.

VERSCHLEISSERSCHEINUNGEN

Bitte vervollständigen Sie folgende Begriffe:
  Volta…
  Ibup…
  Dicl…
  Napro…
  Final…
  ABC…
  Osteop…
  Physiot…

0–2 Richtige: Sie sind zu jung für dieses Buch, oder es geht Ihnen für Ihr Alter erstaunlich gut

3–6 Richtige: Normale Verschleißerscheinungen für Ihr Alter

7–8 Richtige: Sie waren Profisportler oder sind echt schon im Eimer

Ich versuche wirklich oft, das Schöne und Gute in Dingen zu sehen – doch wenn ich jetzt mal nur an meinen Körper denke (und alle dem Alter zugeschriebene Weisheit außer Acht lasse), weiß ich nicht, wie ich dem irgendwas Schönes abgewinnen soll. Die Perspektive ist doch schlicht und einfach beschissen. Sicher gibt es Menschen, die sich mit 60 fitter fühlen als mit 30, aber die haben wahrscheinlich früher nur mit Big Mac und Milkshake auf dem Sofa gesessen und irgendwann die Reißleine gezogen, um fortan alles wiedergutzumachen, und sind nun glücklich, weil sie sich jetzt besser fühlen. Doch normalerweise werden wir erst groß und vielleicht stark, und dann geht's abwärts. Gerade wenn wir uns hochgearbeitet haben, wissen, wie wir so ticken und uns wohl fühlen, beginnt es, irgendwo leise zu zwicken. Erst hier, dann da, plötzlich kennt uns der Apotheker, unser Badezimmerschrank wird voller, wo früher die Kondome lagerten, häufen sich Ibuprofen-Tabletten und Traumeel-Salbe, und der Osteopath steht auf der Kurzwahlliste direkt unter den Kindern.

Abnutzungserscheinungen sind unvermeidlich. Sie betreffen uns alle irgendwann, aber durch eine bewusste Lebensweise, moderaten Sport und gesunde Ernährung haben wir wenigstens einen gewissen Einfluss.

Die genetische Veranlagung hingegen können wir bis heute leider weder beeinflussen noch ganz ausschalten. Doch wir können sie erahnen: An den eigenen Eltern kann man recht gut sehen, wie sich deren Körper verändern, wo die Schwächen und Stärken liegen und wie sie damit umgehen. So können wir uns auf den familientypischen Verfall etwas vorbereiten und werden nicht plötzlich von Gebrechen überrascht. Aber das macht es auch nicht besser.

Ich fand es normal, dass meine Oma eines Tages einen Stock als Gehhilfe nutzte, ich finde auch normal, dass mein

Vater ab und zu eine Schmerztablette schluckt, bevor er auf den Golfplatz geht. Aber dass ich neulich im Schuhgeschäft nach einer Sitzgelegenheit fragte (für mich!), weil meine Frau ein Paar Stiefel anprobieren wollte, war sehr ernüchternd. Die anderen Männer auf der Bank trugen beige Jacken und legitimierten damit eindeutig ihren Rentnerstatus. Ich saß da mit meinen Chucks und der Lederjacke, im Spiegel konnte ich mich in dem Outfit kaum von einem normalen Teenager unterscheiden und passte absolut nicht in die senioride Gruppe zwischen den halboffenen Kartons zu Füßen shoppender Frauen. Optisch hätte ich hier der Sohn von allen sein können, aber mein Rücken war der eines Greises. Ich hatte nur eine halbe Stunde gestanden, als das Ziehen im unteren Bereich der Wirbelsäule mich wie ein Trüffelschwein zum nächsten Stuhl zog. Wäre ich nur etwas konsequenter und hätte öfter die empfohlenen Rückenübungen gemacht, wäre ich vielleicht in der Lage, stundenlang im Geschäft zu stehen und alle Taschen zu halten, ohne dauernd nach der nächsten Bank (oder wenigstens Wand) Ausschau zu halten. »Wäre, wäre, Fahrradkette …«

So drücke ich mich in der Not manchmal eben mit dem Rücken gegen eine Wand, um den Schmerz zu lindern, oder benutze ein Wärmepflaster oder Bienengiftsalbe – aber wer hat die schon immer parat? Jedes Mal nehme ich mir vor, jetzt wirklich mit dem Training anzufangen, aber auch diese Zeit muss man sich aus den Rippen schneiden – also greife ich dann doch wieder zu Tube oder Tablette. Sie werden sagen: »Wieso geht der Hirsel denn mit seiner Frau Schuhe kaufen, ich hätte doch genau die Zeit genutzt, um ins Fitnessstudio und in die Sauna zu gehen!« Hatte ich auch tatsächlich kurz überlegt, doch manchmal ist es besser, mit in die Stadt zu gehen, um den Alltag durch ein schönes Erlebnis zu zweit etwas zu pimpen.

(Unter uns: Der Begriff »schön« trifft es natürlich nicht ganz. Ehrlicherweise ist es meist nur für die Frau schön, und das nicht, weil wir daneben stehen – oder in meinem Fall mit Rücken: sitzen –, sondern weil sie ein Paar Schuhe ergattert, das für uns genauso aussieht wie mindestens fünf andere Paare im heimischen Schrank, aber für Ihre Frau ein absolut noch nie da gewesenes Hammerding darstellt.)

Trotzdem lohnt sich die Begleitung, denn manchmal zieht sie ja auch eine bis in den Abend andauernde positive Grundstimmung nach sich – und man wird dann doch noch belohnt, die Einkaufsmeile der Sauna vorgezogen zu haben. Es lohnt sich, hin und wieder Opfer zu bringen und sich so hundert (auf den ersten Blick identische) Handtaschen genauer anzusehen oder in einer Horde kleiderbebügelter Frauen die Ihre hinter einem Vorhang zu erkennen, um dann – bitte, Schatz – zwei Hosen wegzubringen und die schwarze in einer Nummer größer und *low waist* zu suchen. Das ist zwar kein Ersatz fürs Fitnessstudio, aber wenigstens Bewegung.

Manchmal muss ich mich aber auch meinem Rücken, dem Nacken oder den Schultern beugen, und dann fahre ich vom Büro direkt zum Osteopathen oder Physiotherapeuten. Ich bin immer wieder beeindruckt, wie schnell die Jungs in der Lage sind, einem auf die Beine zu helfen. Wenn ich dann pfiffig bin und tatsächlich die vorgeschlagenen Rücken- und Bauchübungen mache, um Muskeln aufzubauen, die den Verschleiß ein wenig kompensieren, dann fühle ich mich wesentlich besser und gewinne den Glauben an eine bewegliche Zukunft für ein paar Tage zurück. Aber nicht alle altersbedingten Abnutzungen lassen sich (wenigstens kurzfristig) so einfach lindern.

Ich sag' nur: Knie ...

Wehmütig denke ich an alte Zeiten, als da unten gelenkmäßig noch alles geschmeidiger war.

Springen wir also gedanklich 15 Jahre in die Vergangenheit. Ich war 38 und schon damals kein penibler Abhefter, sondern sammelte meine Quittungen und Belege für die Steuer das ganze Jahr über in einer Kiste. Die stellte ich dann in der ersten Januarwoche auf den Boden und breitete alle Zettel um mich herum kreisrund aus. Zuerst sortierte ich nach Größe, dann versuchte ich, zusammengehörige Themen zu erkennen. Das war natürlich meinem Meniskus erstmal wurst, doch änderte sich die Gleichgültigkeit mit der Verweildauer in der Sortierhaltung. Ich habe einfach so gekniet, wie ich es schon als Kind gemacht habe: Po auf den Boden, Oberschenkel leicht gespreizt, Knie ganz gebeugt auf dem Boden, Unterschenkel außen an den Oberschenkeln anliegend, Füße im rechten Winkel zum Unterschenkel, Innenseite auf dem Boden, Spann nach vorne. Ich glaube, das nennt man zwar nicht knien, aber so sitze ich auch beim Puzzlen oder Memory Spielen. *Sitze* stimmt nicht, *saß* muss es heißen, denn als ich alle Belege abgeheftet und beschriftet hatte, konnte ich nur unter Schmerzen aufstehen. (Seitdem mache ich all das natürlich am Tisch.) Am nächsten Morgen humpelte ich zum Briefkasten und direkt weiter zum Osteopathen. Dieser drehte und beugte mein Knie in verschiedene Richtungen und stellte dabei eindeutig den Riss meines linken Innenmeniskus fest. Knien, joggen, Treppen steigen oder gar Tennis spielen sollte ich bei dieser Diagnose lieber lassen, Fahrradfahren sei prima. Aber weggehen würde das von alleine leider nicht mehr. Doch der Knochentherapeut hat mich unterschätzt, denn mein Gewebe war damals noch in der Lage, den Schaden zu beheben – und nach zwei Jahren fühlte ich mich, als hätte ich nie die Steuer sortiert. Offenbar war mein Körper in der Lage, alles selber so zu reparieren, dass ich wieder voll beweglich war und keine Schmerzen mehr hatte.

Doch das ist lange her. Das linke Knie ist zwar immer noch ganz okay – aber jetzt ist mein rechter Innenmeniskus gerissen. Einfach so, weil ich alt bin und meinen Körper ganz normal benutzt habe. Ich habe weder meine Unterlagen auf dem Boden sortiert noch etwas Extremes gemacht. Ich war einfach nur joggen, und irgendwann tat es beim Zähneputzen im Knie weh.

Eine MRT hat es auch für mich Laien deutlich sichtbar gemacht, und der Arzt ergänzte: »Schauen Sie, wie schön hier eine typisch altersbedingte Abnutzung zu erkennen ist!« Nicht der knackige Riss eines jungen Meniskus, sauber, klar und glatt – sondern der eines 50-Jährigen: faserig und unscharf. Das kann man nicht mehr nähen, das Gewebe wächst nicht mehr zusammen, und der Meniskus erlangt seine volle Funktion nicht mehr zurück. In meinem Alter kann man nur noch Fasern abschleifen, um den Schmerz zu beheben. Das klingt erstmal frustrierend, ist es aber gar nicht, denn angeblich kann ich nach Entfernung der schmerzverursachenden Fasern schon sehr bald wieder all das tun, was ich vor dem Meniskusschaden auch getan habe. Vielleicht nicht mehr ganz so gut meniskusgefedert, aber selbst Hochleistungssportler machen so weiter.

Solange die Schmerzen sich noch ertragen lassen, sollten Sie aber nichts überstürzen. Es gibt Alternativen. Empirische Studien belegen, dass selbst für Menschen über 45 durch eine Physiotherapie wieder ein funktionstüchtiges Kniegelenk erreicht werden kann und Schmerzen verschwinden, einfach weil wir unsere Muskeln trainieren und dadurch den Schaden zumindest teilweise kompensieren können. Klingt doch vielversprechend. Aber jetzt kommt natürlich ein

»Aber« und ein »Wenn«, denn die Aussage bezieht sich nur auf einen Riss im Meniskus, wenn das Kniegelenk ansonsten vollkommen intakt ist, also keine weiteren Schäden oder altersbedingte Degenerationen vorliegen.

Dann wird es natürlich komplizierter, Physiotherapie alleine reicht nicht mehr aus, und in der Ferne blinkt das Messer. Hört man sich ein bisschen um, scheint es, dass die meisten, die sich haben operieren lassen, es nicht bereuen und sogar ein zweites Mal machen lassen würden. Bei manchen ist die OP allerdings nicht so gut verlaufen und zog langwierige Komplikationen nach sich (offenbar ist das aber eher selten). Und wie immer in solchen Fällen: Alle, die sich nicht haben operieren lassen, raten einem natürlich davon ab. Vor allem mit dem Argument, dass sich innerhalb von ca. zehn Jahren eine Arthrose in dem operierten Knie entwickeln könnte. (Die kann aber ohne OP ebenfalls entstehen.) Dann sollten wir uns doch fragen, was wir lieber wollen: Weitere zehn Jahre joggen und mit den Kindern Fußball spielen – und das Risiko eingehen, mit 55 vielleicht Arthrose im Knie zu haben – oder sich weiterhin mit 45 zu fühlen wie der eigene Opa?

Da jeder Mensch und jedes Knie eine andere Geschichte hat, kann man nicht sagen, dass für jeden Patienten die gleiche Therapie die beste ist. Sie sollten also zum Arzt gehen. Der kann feststellen, was wo gerissen ist und vor allem: wie das Knie sonst so aussieht. Denn das ist entscheidend für die Therapie! Ist der Knorpel in Ordnung? Sind die Bänder heil? Besteht bereits eine Arthrose? Mittels MRT kann eindeutig

53

herausgefunden werden, welche Schäden vorliegen, und nur dann kann eine sinnvolle Behandlung erfolgen. Aber treffen Sie nicht voreilig und nur aufgrund des Bildes eine im wahrsten Sinne des Wortes einschneidende Entscheidung. Nur weil eine Veränderung gesehen wurde, heißt es ja noch lange nicht, dass Sie nun unter's Skalpell müssen. Schließlich könnten Sie einfach Ihre Lebensumstände so ändern, dass ein Meniskusriss nicht stört: Übergewichtige können abnehmen, Sportler auf E-Sport umsteigen, Fahrstühle statt Treppen benutzt werden, oder man kann den Hund einfach neben dem Fahrrad herlaufen lassen.

Fazit: Irgendwann zieht's im Rücken, und bevor Sie den Riss im Knie auf einem MRT-Bild sehen, werden Sie ihn spüren. Sollten Sie die 40 gerade erst überschritten haben, dann ist jetzt noch Zeit vorzubeugen. Sollten Sie schon zehn Jahre weiter sein, dann lassen Sie sich ärztlich beraten. Man muss nicht mit 60 rumlaufen wie ein alter Opa, man kann Maßnahmen ergreifen und fit bleiben. So wie man sich früher selbstverständlich fit fühlte (und es die absolute Ausnahme war, sich mal schlecht zu fühlen), so ist es leider ab einem gewissen Alter selbstverständlich, dass dauernd irgendwo was drückt, zieht, zwickt oder sonstwie schmerzt und man sich nur mit viel Training und Disziplin hin und wieder ausnahmsweise richtig fit fühlt.

Dafür müssen Sie heute aber auch nicht mehr auf Knien rumrutschen, weder für einen Heiratsantrag noch für die Steuer. Sie können hocherhobenen Hauptes den Fahrstuhl nehmen und mit dem E-Bike zum Orthopäden fahren.

Ein paar Fakten:

Wie kommt es zu einem Meniskusriss?

Bei uns über 40-Jährigen spielt das Alter eine wesentliche Rolle. Die Elastizität nimmt ab, und die jahrzehntelange Benutzung unserer Knie hat sie verschlissen. Kommt nun eine Überbeanspruchung hinzu oder eine ungünstige Bewegung, so reißt das Gewebe wesentlich schneller als mit 20 oder 30.

OP: Ja oder Nein?

Das kann man nicht pauschal beantworten. Sehr wahrscheinlich sorgt eine OP schnell für Schmerzfreiheit und normale Belastbarkeit. Doch auch hier kommt es ganz darauf an, in welchem Zustand das restliche Kniegelenk ist und wie der Patient mitarbeitet. Physio- und Rehamaßnahmen sind erforderlich und entscheiden über den Verlauf und die Heilung.

Gibt es Alternativen?

In Zukunft wird es neue Implantate geben, ebenso wie verbesserte Möglichkeiten der Stabilisierung. Aber sicher wird auch der Einsatz von körpereigenen Stammzellen neue Heilungsansätze liefern.

Wie kann man vorbeugen?

Übergewicht sowie Sportarten vermeiden, die das Knie besonders belasten (z. B. Handball, Fußball, Squash, Tennis). **Übrigens:** Selbst wenn Sie wegen eines gerissenen Meniskus kaum noch 50 Meter laufen können: Ski- oder Fahrradfahren geht bei den meisten problemlos!

VERGESSLICHKEIT

»Wie heißt noch die Frau von dem Dings?«

Früher gab es eine Sendung namens »Wetten, dass …« Hier traten Menschen auf, die irgendetwas besonders gut konnten und behaupteten, in der jeweiligen Disziplin während der Livesendung ein hochgestecktes Ziel zu erreichen. Prominente Gäste wetteten dann, ob das klappt oder nicht. So konnte ein Kandidat Bierflaschen mit einem Gabelstapler öffnen, ein Bauer seine Kühe am Schmatzgeräusch und der Buntstiftlutscher die Dinger, wie wir später erfuhren, doch nicht am Geschmack erkennen – einfach beste deutsche Samstagabendfamilienunterhaltung. Fast alles lustig, aber sinnlos. Doch es gab Ausnahmekandidaten, die entweder von Geburt an besondere Fähigkeiten oder aber – und jetzt wird es interessant – ein System entwickelt hatten, mit dem sie Höchstleistungen erbringen konnten, die (in folgendem speziellen Fall mich) tief beeindruckten. In einer dieser so dahinplätschernden Sendungen erfuhr ich plötzlich, wie ich meine größte Schwäche mit einem simplen Trick in eine Stärke verwandeln und sogar mein Sozialleben wesentlich verbessern konnte.

Bevor wir gleich erfahren, auf welch genial simple Weise wir von heute auf morgen unser Gehirn hundertmal effektiver nutzen können, gehen wir gedanklich noch ein paar Jahrzehnte in der deutschen Fernsehunterhaltung zurück.

Schon als Kind bewunderte ich in meiner Lieblingssendung »Am laufenden Band« mit Rudi Carrell jene Kandidaten, die in der Lage waren, sich 20 und mehr supertolle Gegenstände (wie einen Klappliegestuhl, einen automatischen Papierlocher, ein Paar Gummistiefel, ein Fahrrad, eine Waschmaschine, einen Föhn und vielleicht sogar noch das alles übertreffende Fragezeichen) zu merken, während diese mit der immer gleichen musikalischen Untermalung auf einem Fließband an ihnen vorbeifuhren. Und zwar nur ein einziges Mal. Damals war ich vielleicht zehn und gewann zwar noch im Memory regelmäßig gegen meine Eltern, aber trotzdem erschien es mir unvorstellbar, sich mehrere ganz banale Dinge so schnell einzuprägen, wie die Kandidaten es konnten – um diese dann unter den fiebernden Augen von zehn Millionen deutschen Zuschauern auswendig aufzuzählen. Doch es gelang immer wieder, und so durften die glücklichen Gewinner den Föhn, das Fahrrad und was sie sich sonst noch merken konnten, als Preise mit nach Hause nehmen. Es erschien mir derart unmöglich, dass ich die Sendung, in der festen Überzeugung, es sei ein fröhlicher, aber folgenloser Spaß, für meine Eltern und die Kinder der Nachbarschaft nachspielte. Vor allem nahm ich naiverweise an, es sei für mich, den Showmaster, ein Spaß auf Kosten der überforderten Kandidaten, die sicher mit leeren Händen mein Fernsehstudio verlassen würden. Anders ist es nicht zu erklären, dass ich all mein Hab und Gut riskierte.

Ich stellte Stühle für die Zuschauer auf, trommelte alle verfügbaren Kinder zusammen, und die Show begann. Ohne viel Drumherum kam ich gleich zu dem absoluten Alleinstellungsmerkmal des Programms: Das laufende Band! Irrtümlich bin ich von meiner eigenen armseligen (offenbar weit unter dem Durchschnitt liegenden) Merkfähigkeit ausgegangen und habe alles, was in meinem Kinderzimmer nicht niet- und nagelfest war (und leicht genug), an einer fünf Meter langen Strippe befestigt und bin samt Assistentin (immer meine arme Schwester) damit einmal an den Kandidatennachbarskindern vorbeigegangen. (Wir präsentierten: einen Locher mit dazugehörigem Tacker, beide verchromt, Schere, lang und spitz, Lederetui, hellbraun, leichte Gebrauchsspuren, inkl. eines älteren Radiergummis, Tesarolle in Abrollvorrichtung, schwarz, Kugelschreiber mit Vierfarbmine, Farben einzeln anwählbar, selbstgemachte Dose für kleine Blätter, Lineal, durchsichtig 30 cm, Fahrradklingel, gelb mit Smiley, zwei Freundschaftsbänder, geflochten, starke Gebrauchsspuren, seitlich ausgefranst, vermutlich aus Spanien, Kastagnetten, ebenfalls aus Spanien sowie eine selbstgezogene Wachskerze, ca. 25 cm, fast gerade.) Und genau wie bei Rudi Carrell sprang der Funke sofort über, die Zuschauer waren elektrisiert und begeistert. Ich legte die Kordel mitsamt den Gegenständen am Ende der Stuhlreihe (selbstredend pfiffig verdeckt) unter einem Tuch ab, und auf meine Frage, ob sich vielleicht jemand an einen der Gegenstände erinnern könne, schrien alle Kinder sämtliche vorbeigetragenen Dinge in den Raum. Unfassbar für mich: alles in der richtigen Reihenfolge! Alle glücklich, alles gewusst, alles weg und mein Zimmer aufgeräumt wie nie. Mein ganzer Schreibtisch: leer. Ich weiß nicht mehr, wie sauer meine Eltern waren, ich erinnere mich nur, wie verblüfft ich war. Es war mir ein Rätsel.

Doch das war Vergangenheit, und Hilfe nahte viele Jahre später bei Thomas Gottschalk. Der Wettkandidat war Gedächtniskünstler und Weltmeister in verschiedenen Disziplinen. »Jens der Denker« konnte sich so unvorstellbar viele Zahlen hinter dem Komma merken, dass sie gar nicht in einer Reihe auf den Fernseher passten. (Damals waren alle Geräte noch 4:3.) Aber nicht nur das: Er konnte sich alles merken, was er wollte. Alles! Dazu hatte er ein einfaches System entwickelt, einen Trick, den er live präsentierte und uns Zuschauern frei Haus ins Wohnzimmer lieferte.

Da war sie endlich, die Lösung für meine Vergesslichkeit. Jens der Denker demonstrierte seinen Supertrick am Beispiel einer Einkaufsliste. Ich müsse mir lediglich eine Wohnung vorstellen, in der ich die Dinge, die ich einkaufen will, ablege. Ich schreibe sie ab sofort nicht mehr auf einen Zettel, sondern lege sie gedanklich in meiner Wohnung ab: Butter auf das Sofa, Milch unter die Lampe neben der Blumenvase, den Käse auf das Bett und meinetwegen Müllbeutel in die Dusche auf die Ablage neben dem Shampoo. Im Supermarkt muss ich dann nur in Gedanken durch meine Wohnung gehen und – schwupps – sehe ich die Sachen da so liegen und weiß, was ich kaufen will. Ich war begeistert, und das Wochenende konnte gar nicht schnell genug verge-

59

hen, so sehr freute ich mich, mit meinem neuen Trick und ohne Zettel einzukaufen. Nur zweimal schlafen, und endlich war Montag. Doch schon auf der Straße sah ich in meinem Bett nur das Kissen und die Decke, in der Dusche eine Seife und Conditioner. Ich war mir nicht mehr sicher, warum ich die Butter mental irgendwo anders hätte platzieren sollen als in den Kühlschrank und welche Farbe mein Sofa hatte. Im Supermarkt wusste ich nicht mehr, warum ich überhaupt hingegangen war. Was für ein Frust. So ein guter Trick, aber der Gedächtnisweltmeister blieb im Fernseher und hatte mit meiner Wirklichkeit leider nichts zu tun – ganz im Gegenteil: Die folgenden Tage beobachtete ich mich und stellte zu meinem Entsetzen fest, dass mein siebartiges Gedächtnis mich sehr viel mehr im Stich ließ, als mir bis dato bewusst war. Vor allem im Umgang mit anderen Menschen, da ich ganz offensichtlich schon beim ersten Kennenlernen versage. Wenn sich mir jemand mit dem Namen »Martin« vorstellt, bemerke ich (schon während wir noch die Hände schütteln), dass, sobald er bei dem »n« angekommen ist, ich das »M« vom Anfang schon vergessen habe.

Nun sind Namen sowieso ein Ding für sich. Manche vergessen einen einmal gehörten Namen nie und erkennen auch das dazugehörige Gesicht sofort wieder, andere vergessen zwar den Namen, aber erkennen sofort, wen sie vor sich haben – und so arme Hirsel wie ich stellen sich auf einer Party (nach einem kurzen Abstecher zum Buffet) den gleichen Leuten ein zweites Mal vor.

Wir Menschen haben nun einmal alle unterschiedliche

Stärken und Schwächen. Die einen haben ein gutes, andere ein etwas schlechteres Gedächtnis. Fakt ist, es wird mit dem Alter leider nicht besser ... Vielleicht hat einer von Ihnen früher beim Laufenden Band sämtliche Preise abgeräumt oder konnte sich alle Fahrradzahlenschlosskombinationen der gesamten Schule merken, aber auch bei solchen Glückspilzen nimmt das Kurzzeitgedächtnis eher ab als zu – zumindest wenn man nix dagegen tut. (Dieser schleichende Prozess beginnt schon mit ca. 26 Jahren, fällt uns aber erst im Alter auf.)

Selbst wenn Ihnen nichts von dem hier bekannt vorkommt, so werden Sie doch zustimmen, dass Ihre Kinder immer wissen, wo die Haare einer bestimmten Playmobilfigur gerade rumfliegen, wo Ihr Handy zuletzt lag oder dass die Hundeleine im Gästebad nass an der Heizung hängt und nicht wie sonst halb aus der Schublade guckt. Offenbar haben sie viel größere Kapazitäten, sich auch den belanglosesten Kram zu merken, während wir in der Hektik des Schulalltags manchmal sogar ihre Namen verwechseln. Bei meiner Oma war das normal; als meine Mutter anfing, mich mit dem Namen meiner Schwester zu rufen, hielt ich sie für verwirrt, aber seit ich unfreiwillig alle Kinder- und Hundenamen ausprobiere, um irgendeine Reaktion von meinem Sohn zu bekommen, frage ich mich, wie lange ich überhaupt noch alleine nach Hause finde. Es sind ja nicht mehr nur Namen, die mir nicht einfallen. Die Brille finde ich fast nie. Das Auto parke ich mit einer Park-App oder fotografiere das nächste Straßenschild, um irgendeinen Anhaltspunkt zu haben. Die Nummer vom Parkplatz in der Tiefgarage habe ich eh schon immer aufgeschrieben (um nicht den Bus nach Hause nehmen zu müssen). Laut meinen Kindern kann ich mich an diverse Gespräche nicht erinnern, sie hätten mir mehrmals deutlich gesagt, wann sie wo auf welcher Party sind, und ich hätte genickt oder sogar mit »Ja« geantwortet. Ich kann meines Erachtens durchaus klar denken und auch komplexe Zusammenhänge verstehen, aber wer mir wann von welchem Film mit welchem Schauspieler erzählt hat und wen er da im Kino getroffen hat, der sich von der Frau, mit der er gerade erst ein halbes Jahr zusammen war, – warum auch immer – getrennt hat und nun wieder zu der anderen zurückwill (deren Namen ich eh nie wusste, obwohl wir auf der Hochzeit waren), daran erinnere ich mich nicht mehr, und es bleibt mir ein Rätsel, wie sich das ein Mensch merken kann bzw. will. Schließlich müssen wir doch mit dem immer geringeren Speicherplatz zwischen unseren Ohren sparsam umgehen und nicht größere Partitionen für belanglosen Kram verballern; denn wir sollten darauf bedacht sein, uns die elementaren Dinge zu merken, um unsere Familie und Ehe am Laufen zu halten. (Wann muss ich wo zur Arbeit, sind alle Kinder im Bett, sollte ich meiner Frau mal wieder Blumen kaufen, und ist noch Bier im Kühlschrank?)

Vielleicht wurde Ihr Gehirn im Laufe der Jahre allein durch die lange Beziehung vollkommen neu partitioniert, und Sie gehören zu den Paaren, bei denen der eine wie die externe Festplatte des anderen agiert.

Auf einer Party stehen Sie zwar nahe beieinander, befinden sich aber jeweils getrennt in einem Gespräch. Der Mann redet mit einem Kollegen über den letzten Urlaub, die Frau unterhält sich mit der Gastgeberin über irgendwas. Was, ist vollkommen egal, denn sie kommt eh nicht dazu, einen zusammenhängenden Satz zu sagen.

Er: Wir sind ja das letzte Mal mit dem Auto in den Urlaub gefahren, über den äh … Schatz, wie hieß noch mal der Pass?

Sie: Brenner.

Er: Wir haben dann in so einem kleinen Berggasthof … Schatz, wie hieß noch mal der Gasthof, weißt du, da in dem Ort, wie hieß der noch?

Sie: St. Leonhard. Jägerhof.

Er: Genau. Wir sind da angekommen, das war, glaub ich …

Sie: Freitag.

Er: Ja, da haben die immer so einen Mottoabend, und wir waren verkleidet als – Schatz, was waren wir?

Sie: Skoten.

Er: Als Skoten! Wir beide!

Arbeitskollege: Kenn ich nicht …

Er: Was? Das gibt's doch nicht – Schatz, sag ihm mal, was das ist!

Sie: Schottisch …

Angeblich gibt es unzählige Ursachen für diesen zunehmenden Gedächtnisverlust, vielleicht bemühen wir uns immer weniger, etwas zu behalten, schließlich haben wir einen Partner, der das mit übernimmt. Aber auch ohne solch eine

63

externe Speicherung muss es nicht gleich Alzheimer sein, sondern kann durchaus an zu wenig Flüssigkeit, diversen Medikamenten, Depressionen oder Stress liegen. Vielleicht ist es auch eine Schilddrüsenunterfunktion. Bei Frauen können es ebenso gut die Wechseljahre sein, wegen des sinkenden Östrogenspiegels. Was auch immer uns mit der Zeit vergesslicher werden lässt, mit ärztlicher Hilfe können wir die Ursachen genauer bestimmen und dann möglicherweise Gegenmaßnahmen ergreifen. Fakt ist aber, es ist ganz normal, dass wir im Memory gegen die Kinder verlieren.

Doch solange keine krankhaften Veränderungen vorliegen, sind wir nicht zum tatenlosen Zusehen verdammt. Wir können unser Gehirn trainieren!

Früher war die vorherrschende Meinung, das Gehirn baue im Laufe des Lebens nur ab, ein Zellzuwachs oder gar eine Verbesserung der Denkleistung sei nicht zu erwarten. Doch inzwischen wissen wir, dass das sehr wohl möglich ist. Ähnlich wie beim Aufbau der Muskeln durch Training kann das Gehirn an neuen Synapsen zulegen. Wer viel erlebt und neue Eindrücke sammelt, sich übt und bildet, wird automatisch neue Nervenverbindungen aufbauen und kann somit das »Straßennetz im Kopf« erweitern.

Sollten Sie also an Ihren grauen Zellen hängen, ist es ratsam, diese durch bewusste Übungen frisch zu halten. Am besten, indem Sie:

- regelmäßig Ausdauersport treiben (um eine ausreichende Sauerstoffversorgung für die Neurogenese sicherzustellen)

- regelmäßig eine Stunde länger schlafen als bisher (ganz wichtig ist der Tiefschlaf, egal ob vor oder nach Mitternacht)
- Neues erlernen und für Abwechslung im Alltag sorgen
- entspannen (das vermindert die Bildung des Stresshormons Cortisol, denn dieses hindert unser Gehirn daran, abgespeicherte Informationen wiederzufinden)
- sich gesund und fettarm ernähren (Bluthochdruck vermeiden, denn Hypertonie beeinträchtigt nachgewiesenermaßen die kognitive Leistung)

Doch wie Sie hier sehen, leben wir (zumindest alle, die Kinder haben) in einem Dilemma:

Wie soll ich denn regelmäßig Ausdauersport machen, viel und vor allem tief (!) schlafen und dann auch noch entspannen, wenn ich doch den ganzen Laden am Laufen halten muss?

Viel schlafen können Kinder und Rentner – und da inzwischen bewiesen ist, dass unser Gehirn im Schlaf von alleine weiterarbeitet und Erinnerungen abspeichert, profitieren die Kinder extrem. Sie erleben jeden Tag etwas Neues und können all die frisch gewonnenen Eindrücke ganz in Ruhe abspeichern, während wir die Küche aufräumen, die Steuerunterlagen sortieren oder beim Elternabend sitzen. Die Rentner haben auch noch gute Chancen, die grauen Zellen aufzupolieren, sie können auf jeden Fall so viel schlafen, wie sie wollen. Sie müssen sich nur für irgendwas interessieren. Fertig. Sie haben erst einen tollen, spannenden, selbstbe-

65

stimmten, einfach herrlichen Tag und dann eine ewig lange und ruhige Nacht. (Gut, dann machen vielleicht nächtlicher Harndrang und senile Bettflucht einen Strich durch die Rechnung; also ist auch hier, zumindest bei Männern, der Schlaf in Gefahr.) Aber was ist mit uns, die wir sowieso schon in der fragwürdigen Krise der Lebensmitte stecken, wie bitte sollen wir noch irgendwas abspeichern, wenn um uns die Luft brennt?

Aber wie Sie schon in anderen Kapiteln gesehen haben, sind Sie auch hier nicht alleine, alles ganz normal, und wir wollen ja nicht bei »Wetten, dass …« auftreten, und auch das Laufende Band gibt es nicht mehr. Heute gibt es Google und Wikipedia; Facebook und Apple erinnern uns an Termine, Namen, Gesichter und Geburtstage. Telefonnummern muss sich kein Mensch mehr merken. Selbst 18-Jährige zücken sofort das Smartphone und schauen nach, was ihnen nicht sofort einfällt, und durch diese kleine Unterstützung wirken wir bei weitem nicht mehr so verkalkt wie unsere Eltern und Großeltern. Also alles gut – solange wir ein schnelles Netz und noch etwas Akku haben.

Tipp für Eheleute: Wenn Sie einmal den Job als externe Festplatte übernommen haben, werden Sie den nie wieder los! Und dann beschweren Sie sich bitte nicht, wenn der Gatte Sie permanent wie Wikipedia behandelt.

Tipp für alle: Vielleicht sollten wir nicht immer sofort bei Google nachschauen, sondern zwischendurch mal wieder selber kurz nachdenken.

P.S. Vielleicht ist es aber auch so, dass die Kinder, der Alltagsstress und das Leben an sich uns jeden Tag mit so vielen neuen Informationen bombardieren, dass selbst ein Sekundenschlaf am Steuer auf dem Weg zum Fußballtraining unser Gehirn irgendwas abspeichern lässt. Dann können wir immerhin darauf hoffen, dass neben dem ganzen Alltagsblödsinn auch manchmal was Sinnvolles hängenbleibt.

ALKOHOL

Ich trinke sehr gerne Alkohol. Er schmeckt mir einfach. Und weil er mir in seinen verschiedenen Erscheinungsformen so gut schmeckt, trinke ich natürlich auch gerne einen Wein zum Essen und einen Grappa oder Brandy danach. Und weil ich das alles so lecker finde, habe ich mir oft gewünscht, ich wäre ein anderer Mensch. Einer, den Alkohol nie interessierte, der ihn nie mochte, der nie was trinkt, immer nur Sport macht und einfach glücklich ist, weil er so fit ist und ihm Wasser so lecker schmeckt. Ich wünsche es mir nicht nur, ich probiere es auch immer wieder aus, weil ich dann das Gefühl habe, ich könnte so ein viel besserer und gesünderer Mensch sein. Sprudelwasser trinke ich manchmal wirklich gerne und denke dann immer: Mensch, das ist doch toll, ab jetzt trinke ich so gerne Wasser, dass ich gar nichts anderes mehr möchte. Mit eiskaltem Sprudel geht das, aber sobald ich versuche, noch gesünder zu sein und (so wie andere es tun) zu stillem Wasser greife, werde ich sofort rückfällig und lasse es ganz. Stilles Wasser schmeckt mir leider unglaublich wenig, um nicht zu sagen: gar nicht. Ich denk' dann immer an eingeschlafene Füße, so ganz mau und abgestanden. Dann wird mir leider jedes Mal schlagartig bewusst, dass ich etwas verpasse, nämlich das, was mir eigentlich von Natur aus immer so lecker geschmeckt hat.

68

Bis ich ein schlechtes Gewissen bekomme, weil ich mich immer irgendwie schuldig oder minderwertig denen gegenüber fühle, die gar keinen Alkohol mögen oder so diszipliniert und schlau sind, dass sie nur Wasser trinken und das auch noch lecker finden. Manche haben ja sogar immer eine Anderthalbliterflasche Wasser mit Ingwer, einer Gurken- oder Zitronenscheibe bei sich und trinken andauernd aus der Flasche, weil sie sich so gut fühlen. Sie trinken drei Liter am Tag und machen Yoga, ich trinke morgens Kaffee und dann lange nichts und freue mich auf ein Bier am Abend. Und ich kann noch nicht einmal sagen, dass es dann bei dem einen Bier bleibt – manchmal trinke ich auch zwei oder drei. Alle schmecken mir gut und ich habe nicht das Gefühl, Alkoholiker zu sein. Aber das ist schwierig, denn angeblich bin ich ja schon Alkoholiker, wenn ich regelmäßig zwei kleine Bier trinke, die so klein sind, dass ich dafür nur zwei Schluck brauche. Da ist so wenig drin, dass das Glas schon leer ist, bevor ich merke, dass irgendwas durch meinen Hals läuft. Manchmal frage ich mich, ob ich überhaupt geschluckt habe.

Und dann höre ich Stimmen in meinem Kopf, die sagen »Mann, Mann, du bist echt … Wieso kannst du nicht einfach genießen, ganz langsam, für den Geschmack?« Ich lebe also sozusagen in dem Dilemma, dass ich mich gar nicht mit gutem Gewissen gut fühlen kann. Schließlich fühle ich mich schlecht, weil ich meinem Trieb folge und etwas konsumiere, was mir gut schmeckt, aber schädlich ist. Schlecht fühle ich mich aber auch, wenn ich es nicht tue, sondern stattdessen

Wasser trinke, was mir nicht schmeckt, so dass ich dann etwas vermisse.

Es gibt eine Regel, die besagt, man kann Alkohol trinken, wenn man Folgendes einhält: Einen Tag in der Woche nicht, eine Woche im Monat nicht und einen Monat im Jahr nicht. Klingt simpel. Aber ich habe noch niemanden getroffen, der das hinkriegt. Ein Tag in der Woche ist kein Problem, aber wenn ich versuche, die Woche im Monat zu finden, wo mir das gut passen würde, stehe ich schon vor dem Problem, dass eigentlich immer was dazwischenkommt. Es geht ja gar nicht darum, unbedingt Alkohol trinken zu müssen, der ist nur leider in so vielen Getränken drin, die zum Essen lecker schmecken. Daher habe ich versucht, die Regel zu befolgen, die besagt, man soll nur zu besonderen Anlässen Alkohol trinken. Aber ich finde die Definition von »besonders« einfach zu schwer, schließlich ist ja alles Mögliche ein besonderer Anlass. Oder finden Sie einen schönen Sonnenuntergang, einen gemütlichen Feierabend nach einem anstrengenden Tag, einen tollen Kinobesuch oder eine 2 der Tochter in Mathe nicht etwas Besonderes? Es gibt tausend Gründe, die nach einem *Campari O* schreien, wie z. B. das gewonnene Tennismatch, das man durchaus mit einem Hefeweizen feiern kann. Natürlich gibt es auch das genaue Gegenteil, eine besonders öde Situation, wenn man sich gerade so nach gar nichts fühlt, so langweilig und öde, dass ein Mann zumindest einen kleinen Whiskey trinken sollte, um runterzukommen.

Bitte verstehen Sie mich nicht falsch, ich möchte hier in

keiner Weise Alkoholismus propagieren, einsames Frusttrinken schönreden oder Komasaufen gesellschaftsfähig machen. Ganz im Gegenteil: Die Gesundheit ist, wie wir spätestens in der Lebensmitte erfahren, ein hohes Gut, das es zu bewahren gilt, solange es noch geht. Doch der Genuss darf dabei nicht auf der Strecke bleiben. Und wer kann schon »Nein« sagen, wenn ihm der Weinhändler (wie mir neulich) eine Flasche mit den Worten vorstellt: »Ein Glas davon abends auf dem Sofa – und alles ist nur noch halb so schlimm.« Da wär ich doch blöd, ohne eine Kiste unter dem Arm aus dem Laden zu gehen. Millionen Franzosen können nicht irren, warum soll ich mir nicht genauso ein wenig Gelassenheit und Trost in Flaschen kaufen? Wasser kann man ja selbstverständlich dazu trinken, wenn man das will. Davon hält einen doch keiner ab. Ich bräuchte ja noch nicht einmal einen besonderen Grund – eine etwas gelassenere Lebenseinstellung, also ein bisschen »*savoir vivre*« würde schon reichen. Aber nein, irgendwie bin ich zu engstirnig und verspannt, immer auf der Suche nach einem äußeren, nachvollziehbaren Anlass zur Rechtfertigung. Doch nicht einmal das klappt.

Denn egal, warum sich wieder irgendein Grund aufgedrängt hat, die selbstauferlegte Regel zu brechen und etwas anderes als Wasser zu trinken, schon fühle ich mich wieder schwach und denke, was für ein armseliger Mensch muss ich sein, dass ich nicht selbstverständlich und von Natur aus zu denen gehöre, die nur Wasser trinken und dabei immer glücklich sind.

Um dieses dauernde Hin und Her in den Griff zu bekommen, sollte ich mir wirklich einmal Gedanken machen, wie es mit mir grundsätzlich weitergehen soll, zumal ich schon lange genug nicht ernsthaft etwas gegen mein selbstzerstörerisches Genussdenken unternommen habe. Doch sobald ich anfange, darüber nachzudenken, fällt mir jedes Mal als Erstes wieder auf, dass eigentlich alle Schriftsteller und überhaupt Künstler, die ich schätze, nicht zu den glücklichen Wassermenschen gehören. Die haben irgendwie alle immer auch exzessiv gelebt. Viel mehr als ich. Ich kenne sogar welche, die heute noch quietschfidel sind, obwohl sie früher mehr Wodkaflaschen am Tag getrunken haben als andere Wasser! Die sind jetzt über 60, und was ich im Verhältnis dazu je getrunken habe, ist lächerlich! Und wenn ich dann beschließe, mich nicht von anderen kirre machen zu lassen, weil ich nicht zur Bewusstseinserweiterung in Poona bin, sondern beim Italiener um die Ecke und zur Pizza einen Primitivo trinke, dann fühle ich mich wieder wohl, und mir ist klar: Ich bin doch eigentlich glücklich, so wie ich bin. Ich genieße mein Leben, und dazu gehört eben auch, mal Dinge zu essen, die nicht megazuckerfrei und biogesund sind. Und genauso ist es auch mit Wein oder was auch immer mir gerade schmeckt. Es ist Teil meiner Lebensfreude. Ist mir doch egal, ob andere das gleiche Gefühl mit Reiscrackern und Tee haben! Wenn ich so gelassen darüber nachdenken kann, ist alles gut.

Doch leider währt diese innere Ruhe und Zufriedenheit nicht endlos.

Irgendwo habe ich einmal den Satz gehört: »Bis 40 passt

dein Körper auf dich auf, ab da musst du auf ihn aufpassen.«
Das klang für mich immer wie ein Freifahrtschein – aber
eben nur bis 40. Und das ist doch nun wirklich bescheuert.
Wann bitte braucht man denn mehr Trost und Freude? In
welcher Lebensphase ist man mehr auf etwas Hilfe zur Gelassenheit und Zerstreuung angewiesen als genau jetzt, wo
wir uns mitten in dem schwierigen Übergang zur zweiten
Lebenshälfte befinden? Wir gucken zurück auf die erste
Halbzeit, in der wir die Kinder halbgroß gezogen, das Haus
gebaut und angezahlt und uns überhaupt nur abgerackert
haben. Und da sollen wir ausgerechnet genau in dem Augenblick, wo wir uns das erste Mal ein bisschen zurücklehnen
können, anfangen, uns zu schonen und auf uns aufzupas-
sen – indem wir auf all das verzichten, was früher Spaß gemacht hat? Dinkelcracker und Apfelschorle sollen uns fortan
ein entspanntes Lächeln auf die Lippen zaubern? Nein! Das
tut ja wohl nach wie vor ein eiskaltes Fläschchen Sauvignon.

Aber leider ist es so, dass die meisten von uns im Alter
Alkohol schlechter vertragen.

Dafür gibt es zwei Gründe: Erstens hat die gleiche Menge
Alkohol aufgrund des geringeren Wasserhaushaltes im älteren Körper eine stärkere Wirkung als in jungen Jahren, und
zweitens kann unser Körper im Laufe des Lebens Alkohol
immer schlechter abbauen.

Der Stoffwechsel hat sich verändert, die Leber arbeitet
nicht mehr so schnell, und vielleicht haben auch Medika-
mente oder ganz normale Abnutzungserscheinungen Einfluss auf die veränderte Körperreaktion.

Das ist extrem ungerecht, weil uns die verminderte Alkoholverträglichkeit im absolut falschen Augenblick einholt. Andererseits ist es natürlich auch ein (medizinisch objektiv) vernünftiges Argument, und das treibt mich gelegentlich an, etwas zu forschen. So habe ich mir neulich in der Bundesligahalbzeitpause ein Bierchen gegönnt und nach entsprechenden Informationen gegoogelt und mit Freude festgestellt, dass eine Studie sehr wohl belegt, Rotwein sei besonders gesund und könne Herzinfarkte so gut wie verhindern (wenn man nur eine bestimmte Menge trinkt, nicht Kette raucht, nicht jeden Tag Schweinshaxe isst und öfter mal das Auto stehen lässt). Männer dürfen sogar ein bisschen mehr davon genießen als Frauen. Das klingt vernünftig, denke ich und bin froh, ein Mann zu sein, bis ich am Ende des Berichtes erfahre, der gleiche positive Effekt lasse sich ebenso mit Traubensaft erzielen – dann sogar ohne die schädlichen Nebenwirkungen des Alkohols.

Die nächste Studie belegt, dass überhaupt fast alles ungesund ist, Alkohol sowieso, aber plötzlich auch Milch. Bei aller Liebe, aber das macht doch stutzig! Ich trinke seit Jahren Kaffee mit Milch, esse jeden Tag Joghurt und Magerquark und habe noch nie den Eindruck gehabt, das sei schlecht für mich. Ich bin mir sicher, dass das nicht die einzige Wahrheit sein kann, und habe auch nur wenige Mausklicks entfernt eine Gegenstudie gefunden, welche Milch als den Heilsbringer überhaupt darstellt. Da ich gerade dabei bin, surfe ich schnell rüber zu einer Selbsthilfegruppe, die auch findet, dass sie zu viel trinkt, aber es dauert nicht lange, bis ich wieder beruhigende Zahlen zum Alkoholkonsum aus dem Netz fische. Also, alles gut. Ich bin inzwischen ein echter Fuchs und finde die Anleitung zum Wechseln des Abflussrohrs unter der Spüle genauso schnell wie die Wirksamkeit verschiedener Schmerztabletten bei Gelenk-, Kopf- oder Katerschmerzen. Perfektioniert habe ich auch die Recherche von Gegenbeispielen, wenn mir eine Studie inhaltlich nicht so zusagt. Schließlich muss immer einer die Studie bezahlen – und derjenige will natürlich seine Interessen positiv dargestellt sehen –, so muss man nur überlegen, wer Interesse an einer gegenteiligen Studie haben könnte. Oft liegt die einem dann mehr.

Aber zurück zum richtigen Umgang mit Alkoholika:

Natürlich kann man Spaß haben, ohne was zu trinken. Punkt. Dazu gibt es nichts weiter zu sagen. Das kann man – und fertig.

Aber viele Menschen bekommen schon morgens schlechte Laune, wenn sie wissen, es gibt abends Spargel, und sie hatten sich vorgenommen, ausgerechnet ab heute keinen Wein mehr zu trinken, stattdessen nur noch Wasser. Ein kühler Weißwein macht Spargel doch erst so richtig lecker, wie das Bier die Currywurst oder ein schwerer Rotwein die Käseplatte, ganz zu schweigen vom Chianti zur Pasta. Wenn ich also versuche, alle mir bekannten Studienergebnisse auszuwerten, habe ich den Eindruck, gegen »moderaten« Alkoholkonsum auch jenseits der 40 sei eigentlich gar nichts einzuwenden. Natürlich schwanken die Angaben, was »moderat« denn nun genau in Zahlen ist, aber ich glaube, wenn wir jetzt mal von einem Glas Wein oder zwei kleinen Bierchen ausgehen, dann liegen wir nahe dran. Doch jetzt kommt's: Man kann nämlich gar nicht einen eindeutigen Wert für alle Menschen festlegen! Es spielen derart viele unterschiedliche Faktoren eine Rolle, die alle mitverantwortlich dafür sind, wie viel Alkohol ein Mensch pro Tag verträgt. Man kann gar keine verbindliche Grenze ziehen. Aufgrund verschiedenster Dispositionen ist es nur möglich, für jeden Menschen individuell herauszufinden, was für ihn gut verträglich und was gesundheitsschädlich ist. Zwar kann eine gewisse Menge Rotwein wahrscheinlich einem Herzinfarkt vorbeugen, doch erhöht auch die kleinste Menge Alkohol das Risiko für eventuelle andere Erkrankungen. Es ist also immer eine Risiko-Nutzen-Abwägung.

Aber Achtung: Von übermäßigem Alkoholkonsum ist in jedem Fall dringend abzuraten! Es macht nach neuesten Studien nicht nur den Körper kaputt, sondern auch viel früher vergesslich als nötig …

Fakt ist: Jeder muss für sich selbst herausfinden, wie viel Alkohol er trinken will, kann und mag. Nur Sie selbst können fühlen, wie schnell der Kater vergeht, ob Sie den nächsten Tag durchstehen oder im Bett bleiben müssen. Nur Ihr Arzt kann anhand Ihrer Werte sehen, wie es um Ihre Organe steht. Und dann müssen Sie entscheiden, ob Sie am Abend zur Entspannung meditieren, einen Spaziergang machen oder ein Glas Rotwein trinken.

Manchmal denke ich auch, wohl denen, die ab und zu mal kiffen. Oder wenigstens aus ein paar Blüten einen Tee kochen. (Mir fehlt nur der Zugriff, bzw. ich habe mich noch nicht ernsthaft darum gekümmert.) Letztlich ist ja auch egal, wen was runterbringt. Entscheidend ist doch, dass wir uns nicht unnötig stressen lassen sollten und schlau genug sind, uns das Recht auf etwas Entspannung herauszunehmen. Wir können nicht den ganzen Tag immer nur funktionieren, die Kraft dazu muss ja irgendwoher kommen. Freunde von mir sind da schon einen großen Schritt weiter: Sie haben neulich einen Mittagsschlaf gemacht, während die Geburtstagsparty ihres Sohnes mit elf Kindern im Nachbarzimmer in vollem Gange war. Ich schwöre, wenn ich das kann, trinke ich vor lauter Glück und innerer Ruhe und Zufriedenheit nur noch stilles Wasser, ohne auch nur einen einzigen Gedanken an eine einzige Kohlensäureblase zu verschwenden.

HÄMORRHOIDEN, PROSTATA UND DARMSPIEGELUNG – DAS ANALE TRIPTYCHON

Hämorrhoiden

Über Beschwerden unterhalb der Gürtellinie spricht keiner gerne. Doch mindestens jeder zweite Deutsche über 35 Jahren ist von einem Hämorrhoidenleiden betroffen. Männer häufiger als Frauen. Und da ich immer das Gefühl habe, dass der Lack irgendwie ab ist, wenn ich an mir etwas bemerke, das ich bis dahin für ein Problem alter Menschen gehalten habe, möchte ich hier das arteriovenöse Gefäßpolster ein wenig enttabuisieren. Man muss nicht alt sein, um es zu haben, und da fast alle von uns eines Tages betroffen sind, ist es einfach Quatsch, sich zu schämen. Wobei »Quatsch« vielleicht das falsche Wort ist, denn es ist ja ganz normal, sich äußerst unwohl zu fühlen, wenn etwas innerhalb der Unterhose nicht stimmt. Und ein gesundes Schamgefühl ist naturgegeben, wir können froh sein, es zu haben. Aber in diesem Fall sollte es uns nicht peinlich sein, da dieses Leiden statistisch sozusagen absoluter Durchschnitt ist. Im gesunden Zustand hat jeder Mensch Hämorrhoiden und sie helfen, den After fein zu verschließen. (Das Wort Hämorrhoiden kommt übrigens aus dem Griechischen und bedeutet einfach »Blutfluss«.) Das Hämorrhoiden-Geflecht befindet sich zwischen Mastdarm und After, es ist stets blutgefüllt und schwillt ab, sobald es das Signal bekommt, dass Sie auf die Toilette müssen. Anschließend füllt es sich wieder mit Blut und kontrolliert so gemeinsam mit Ihnen und dem Schließmuskel, wann was wo durchgelassen wird.

Sollten Sie zu den Menschen gehören, die nach dem Putzen der Nase das Taschentuch aufklappen, um zu inspizieren, welch ein Sekret Sie da gerade hineingeschnäuzt haben, dann sind Sie sicher auch nicht abgeneigt, beim Besuch der Toilette einen Blick auf das benutzte Klopapier zu werfen – und es nicht einfach (mit all seinen Informationen) achtlos unter sich fallen – und in einem Wasserstrudel verschwinden zu lassen. Auch wenn Sie keine Übung im Betrachten selbstabgesonderter Körperflüssigkeiten haben, so ist Ihnen vielleicht schon einmal zufällig bewusst geworden, dass Ihnen nach dem Stuhlgang unerklärlicherweise die Titelmusik vom Weißen Hai im Kopf herumgeisterte. Anscheinend vollkommen sinnlos, ohne jeden Grund, war sie plötzlich in Ihrem Kopf. Doch mit einem Mal wird Ihnen klar, warum: Sie hatten beim Abspülen den Toilettendeckel langsamer als gewohnt heruntergeklappt und so plötzlich einen kurzen Blick auf das Wasser erhascht, bevor es für immer nach unten weggluggerte. Und Sie haben gedacht: Ist das rotes Wasser? Oder Blut? Von mir? Aber Sie konnten es nicht mehr aufhalten, selbst eine schnell geballte Faust vor dem Knick hätte das Wasser nicht mehr aufhalten können, die Suppe war weg. Sie lösten sich aus der Erstarrung, und Ihnen fiel ein: Ja, ich habe gestern Rote Bete gegessen, daher war das Wasser rot. Dann ist ja alles gut. Richtig? Meistens läuft es so. Aber nicht immer …

Was, wenn Sie gestern nur Fisch gegessen haben, blass mit Kräuterbutter und Kartoffeln? Und Ihnen einfach nichts Rotes einfällt? Zumindest nichts, was sich noch in Ihrem Darm befinden könnte – nicht einmal Spaghetti mit Tomatensauce? Dann werden Sie sicher nervös und erinnern sich unwohl daran, wonach Sie schon vor Wochen im Privatmodus gegoogelt haben: nämlich warum Ihr Poschi juckt. Und augenblicklich ist Ihnen klar, dass Sie nun nicht mehr drum herumkommen, sich die Sache genauer anzusehen. Das Jucken hat seine Ursache offenbar doch nicht in einer schlechtsitzenden Unterhose oder zu scharfem Essen, sondern das arteriovenöse Gefäßpolster hat sich (sei es durch Übergewicht, wiederholte Verstopfungen oder ewige Toilettensitzungen mit Zeitung) dauerhaft erweitert und verursacht nun Probleme. Vielleicht haben Sie eine ererbte Bindegewebsschwäche, zu häufig Abführmittel benutzt, oder Sie sind eine Frau und schwanger und der erhöhte Druck auf den Darm ist der Auslöser.

Absurderweise sind Hämorrhoiden noch immer ein Tabuthema, obwohl fast die halbe Menschheit davon betroffen ist und sich die Beschwerden durch einen frühzeitigen Arztbesuch einfach beheben ließen. Doch da wir alle so lange warten, bis die Dinger auch von außen unübersehbar sind, wird die Behandlung immer langwieriger und damit unangenehmer.

Um es uns allen hier so kurz und einfach wie möglich zu machen: Wenn Sie Anzeichen von Hämorrhoiden spüren (Juckreiz, Blutungen, Nässen oder Schmerzen im Analbereich), dann sollten Sie einfach die Pobacken zusammenkneifen, zum Proktologen gehen und da wieder entspannen. Die Untersuchung ist so gut wie schmerzfrei, geht schnell und ist absolut nicht peinlich, da der Arzt freiwillig Proktologe geworden ist und den ganzen Tag nix anderes macht ...

(Und wenn Sie schon mal da sind, um einen Fachmann durch das Hintertürchen reinzulassen, dann sollte es ihm doch möglich sein, gleich einmal mit leichtem Druck die Vorsteherdrüse abzutasten, um zu erkunden, wie es der so geht. Doch in den meisten Fällen ist jeder Arzt auf sein Lieblingsgebiet fokussiert, und Sie müssen unter Umständen drei Mal nach Kanossa, um das Anale Triptychon abzuarbeiten. (Einziger Lichtblick: Der Kollege, der die Darmspiegelung von unten macht, kann auch den Magen gleich von oben mitmachen – natürlich mit einem anderen Endoskop.)

Prostata

Sie müssen kein Feuerwehrmann sein, um zu wissen, mit welcher Macht das Wasser aus einem C-Rohr schießt. Vergleicht man diesen Druck mit dem armseligen Tröpfeln einer Pipette in ein Reagenzglas, entsteht in etwa das Gefühl eines Mannes mit Prostatavergrößerung, der miterleben muss, wie sich Horden von Teenagern nacheinander (!) am Pinkelbecken neben ihm erleichtern, während seine Füße vom langen Stehen anfangen zu kribbeln. Ich nehme an, bei den meisten von Ihnen ist es noch nicht so weit, Sie zielen noch auf Belüftungslöcher, Risse oder Embleme in der Keramik; doch bei jedem zweiten Mann ab 50 ist die Prostata vergrößert. Keine Panik, das ist erst einmal noch nicht schlimm und muss auch nicht schlimm werden, doch wir können es nicht ignorieren.

Aber der Reihe nach. Das Tolle vorweg: Nur wir Männer haben eine Prostata, Frauen nicht. Ein echtes Alleinstellungsmerkmal. Die »Vorsteherdrüse« erfüllt vielfältige Funktionen, vor allem auch die schöne Aufgabe, ein milchig-trübes Sekret herzustellen, welches die Spermien bewegungsfähig macht und die DNA schützt. Beim Geschlechtsverkehr sorgt die Muskulatur der Prostata in Zusammenarbeit mit dem Blasenhals dafür, dass sich das Sperma (und alles, was sonst noch an Flüssigkeiten dazugehört) aus Hoden, Nebenhoden und der Samenblase gut vermischt und dann mit Hilfe der Muskulatur des Beckenbodens und der Schwellkörper durch die Harnröhre an sein Ziel gelangt (oder wenigstens raus). Dafür sollten wir ihr dankbar sein, das macht sie prima. Ansonsten merken wir von diesem – normalerweise kleinen, etwa wallnussgroßen – Organ weiter nichts. Doch leider drängt sie sich im Laufe unseres Männerlebens immer mehr in den Vordergrund, und ab dem 45. Lebensjahr sollten wir ihr etwas mehr Beachtung schenken und sie vorsorglich untersuchen lassen. So können wir sichergehen, hier rechtzeitig etwas gegen eine bösartige Entwicklung des natürlichen Wachstums unternehmen zu können. Aber irgendetwas in uns sträubt sich, und wir finden immer neue Gründe, den Besuch vor uns herzuschieben. Denn der ungeübte Schritt zum Urologen ist zwar ein kleiner Schritt für die Menschheit, aber ein riesiger Sprung für jeden von uns, der ihn das erste Mal macht. Für die meisten Hetero-Männer wird es überhaupt das erste Mal sein, dass unterhalb der Gürtellinie eine Gegenbewegung zu erwarten ist. Das macht einen naturgemäß nicht froh, und so sitzen viele schweißgebadet, stumm und mit gesenktem Blick im Wartezimmer.

Es nützt aber nichts, lange drum herumzureden:

Sie haben vor Wochen einen Termin gemacht, und heute ist der Tag X – die Stunde der Wahrheit hat geschlagen, die »Kleine Hafenrundfahrt« steht vor der Tür. Sie haben zu Hause noch ein großes Glas Wasser getrunken (um für die zu erwartende Urinprobe gewappnet zu sein) und sind dann mutig los bis an die Theke, an welcher Sie durch ein kleines Schildchen um etwas Abstand und Diskretion gebeten werden. Erstaunlicherweise bemerken Sie auch ein, zwei Frauen im Kreis der Leidtragenden, und Ihnen dämmert, dass der Urologe auch andere Dinge tut, außer dem Unaussprechlichen ... Er untersucht auch Nieren, Blasen und Harnleiter – und das verschafft Ihnen eine gewisse Erleichterung – die anderen Pechvögel im Wartezimmer können also nicht sicher wissen, was Sie heute vorhaben. Sie könnten auch einer von den Nierenpatienten sein. (Diese

Erkenntnis erhöht kurzfristig das Selbstwertgefühl im Wartebereich). Sobald Sie leise und diskret Ihren Namen und Ihr Anliegen der (auch noch süßen) Arzthelferin gebeichtet haben, werden Sie wahrscheinlich rot und auch schon mit einem joghurtartigen Pinkelbecher versorgt und aufs Klo geschickt. Das Wasser war also eine gute Entscheidung. (Mit Ihrer vollen Blase haben Sie nun die Wahl, ob Sie lieber Erst-, Mittel- oder Endstrahlurin abgeben wollen, alles muss aber auf keinen Fall rein.) Haben Sie das Becherchen halb gefüllt, sollten Sie sich möglichst erinnern, wo dieses abzustellen ist, sonst müssen Sie gleich wieder an den Tresen und mit dem kleinen Saft in der Hand nachfragen … Sobald der Becher aber im Labor gelandet ist, geht es auch schon weiter, Sie kommen also gar nicht dazu, unangenehmen Gedanken nachzuhängen, sondern ziehen einen Ärmel hoch, ballen eine schöne Faust und sehen zu, wie Blut zur Bestimmung des PSA-Wertes entnommen wird. Dieser Wert sollte möglichst niedrig sein (bei Männern unter 40 Jahren am besten unter 1), doch im Laufe des Lebens steigt er normalerweise leicht an, so dass auch ein Wert von 3 bei einem 50-Jährigen kein Grund zur Sorge sein muss. (Ohne es an dieser Stelle weiter zu vertiefen: Beim PSA-Wert kommt es sehr auf das Zusammenspiel verschiedener Werte sowie die Zeitspanne des Anstiegs an. Das wird der Arzt Ihnen alles ausführlich erklären.) Sobald Sie mit einem kleinen Tupfer die Einstichstelle zugedrückt und Ihr Pflaster in die Ellenbeuge bekommen haben, setzen Sie sich wieder ins Wartezimmer. Doch statt zu entspannen, nimmt Ihr Puls jetzt erst richtig Fahrt auf. Denn ab hier steht nicht mehr viel zwischen Ihnen und dem Kabinett des Dr. Caligari.

Versuchen Sie einfach, ruhig zu bleiben, blättern Sie durch eine der Lesezirkelzeitungen, vielleicht interessieren Sie Strickanleitungen oder die neuesten Bilder aus dem Königshaus einer verblassten Monarchie, aber vermeiden Sie Berichte über den »Pinkelprinzen«, der bringt Sie doch nur auf trübe Gedanken. Auch wenn die Sekunden vergehen wie der Flügelschlag eines Schmetterlings in Öl und der Zeiger sich nicht zu bewegen scheint, plötzlich hören Sie Ihren Namen. Erst weit weg, doch dann ganz klar, und Sie sind dran. Okay: Aufstehen, die feuchtkalten Hände kurz an der Hose reiben und munter drauflos. Wahrscheinlich haben Sie sich für einen Mann als Arzt entschieden, nur die wenigsten von uns wählen in dieser Disziplin eine Frau Doktor. Dem können Sie jetzt fröhlich Hallo und Guten Tag sagen, seine Hand ist warm, und er weiß, dass Sie das erste Mal bei ihm sind. Sobald sich das Gatter hinter Ihnen schließt, wird er Sie bitten, sich auf den Untersuchungstisch zu setzen. Von hier aus haben Sie einen herrlichen Ausblick auf all die Geräte in seinem Zimmer. Besonders dürften Sie das Ultraschallgerät mit seinem Dildo und zwei Millionen unverpackte Kondome in einer durchsichtigen Vase in ihren Bann ziehen. Je nachdem, wie die Chemie zwischen Ihnen beiden ist, gibt es ein kurzes Vorgespräch (wie bei jedem anderen Arzt auch), und dann geht's zur Sache. Sie werden aufgefordert, den Poschi frei zu machen, also Hose und Unterhose nach unten zu ziehen und sich dann auf die Seite zu drehen, so dass Sie den Arzt

85

zwar nicht mehr sehen, er aber Ihren Auspuff. Nun greift er in die Vase, stülpt sich ein Kondom über den Finger und schmiert es mit Gleitcreme ein. (Das sehen Sie wahrscheinlich nicht, aber ich sag's Ihnen: weil's so besser flutscht.) Mit ruhiger Stimme werden Sie nun aufgefordert, kurz untenrum zu entspannen ... Atmen Sie ruhig weiter. Langsam fühlen Sie – was auch immer. Der Arzt weiß genau, wonach er sucht: Er fühlt die Größe und Beschaffenheit der Prostata und bekommt so (haptisch) ein sehr gutes Bild von deren Zustand. Ist sie glatt, klein und weich, ist alles gut. Fühlt sie sich aber hart und uneben an, sind weitere Untersuchungen angesagt. Dazu wird erst einmal auf das eben angesprochene Ultraschallgerät zurückgegriffen. Doch nachdem Sie nun schon den Finger im Po überstanden haben, ist der Dildo auch kein großes Ding mehr. Tüte drüber, Gleitmittel drauf, untenrum entspannen und rein damit. Schauen Sie ruhig auf den Monitor – es ist interessant! Je öfter Sie hinsehen, desto mehr werden Sie erkennen. Schnell fühlt man sich um Jahre zurückversetzt: Sollten Sie schon einmal als werdender Vater Ihre Frau zum Ultraschall begleitet haben, dürfte der Look Ihnen bekannt vorkommen, auch wenn die Gefühle damals andere waren. Stolz haben Sie dem Wachstum im Mutterleib zugesehen, heute freuen Sie sich um so mehr, je kleiner das Ding bei Ihnen ist. Hat der Arzt gesehen, was er sehen wollte, zieht er den Knüppel wieder raus und reicht Ihnen etwas Zellstoff. Sobald Sie die Büx oben haben, sind Sie wieder Herr im Hause, und der Termin neigt sich langsam dem Ende zu. Der Arzt wird Ihnen noch erläutern, dass ein Wachstum der Prostata von rund zehn Prozent pro Jahr in Ihrem Alter in Ordnung ist, also nichts Ungewöhnliches. Entscheidend ist, wo sie an Masse zunimmt und wie sehr sie dadurch die Harnröhre einengt. Wächst sie nach innen, drückt sie eher auf die Leitung, und Sie haben das Gefühl, ständig auf Toilette zu müssen. Das Problem einer wachsenden Prostata besteht (solange es sich um gutartiges Gewebe handelt) nicht in ihrer Größe, sondern im immer schwächer werdenden Harnstrahl bis hin zu einem Verschluss der Harnröhre. Wird so die Blase nicht richtig (und zwar vollständig) entleert, kann das unangenehme Folgen wie Blasenentzündungen oder Nierenschäden nach sich ziehen. Aber davon sind wir heute weit entfernt. Also, nur noch cool aufstehen und nix wie raus. Die Luft wird Ihnen viel frischer vorkommen als vorher. Jetzt haben Sie ein Jahr Ruhe, das nächste Mal sind Sie schon ein alter Hase!

Natürlich möchten Sie auch bei zukünftigen Untersuchungen keine böse Überraschung erleben und werden also alles dransetzen, die Prostata fit zu halten, um der häufigsten Krebsart bei Männern erst gar keine Chance zu geben. Da das Alter die Hauptursache von Prostatakrebs ist, können Sie offensichtlich zwar nicht alle Risiken ausschalten, doch indem Sie sich viel bewegen, gesund ernähren (viel Obst und Gemüse, vor allem wenig rotes Fleisch), Alkohol nur in Maßen trinken und Übergewicht vermeiden, haben Sie schon die wichtigsten Regeln zu Ihrem Schutz befolgt. Manchen Studien zum Trotz helfen Kürbiskerne wohl doch gegen eine Vergrößerung der Prostata, solange es echte Steierische

Kerne sind – und natürlich können sie nur das normale, gutartige Wachstum im Schach halten. Ebenso soll ein Beckenbodentraining Wirkung zeigen. Doch die beste Prävention gegen böse Überraschungen mit weitreichenden Folgen ist eine regelmäßige Vorsorge spätestens ab 45 Jahren. Wird krankhaftes Gewebe rechtzeitig behandelt, stehen die Chancen für eine vollkommene Heilung sehr gut. Und noch ein Bonus: Sie sind mal wieder um eine Erfahrung reicher und können bei der nächsten Party oder Essenseinladung mit echtem Insiderwissen glänzen. Man wird zu Ihnen aufschauen, Sie haben anderen Männern möglicherweise eine Menge voraus – bei den Worten Dildo und Gleitmittel ist Ihnen die Aufmerksamkeit jedenfalls sicher ...

Darmspiegelung

Man braucht sicher keine Karzinophobie, um immer mal wieder Angst vor einer zu spät erkannten – somit unheilbaren – Krankheit zu haben. Je öfter es tatsächlich einen Freund oder Bekannten erwischt, desto penetranter drängt sich unwillkürlich der Gedanke an die eigene Vorsorge auf.

Heute ist es fast schon Mode geworden, zur »Großen Hafenrundfahrt« anzutreten und dabei die Öffentlichkeit, auch ungefragt, teilhaben zu lassen. Sie machen den Fernseher an, versuchen, eine intelligente Form der Unterhaltung zu finden, und zack! stecken Sie in irgendeinem prominenten Hinter-

teil. Moderator Guido Cantz (»Verstehen Sie Spaß?«) hat sich 2018 von einem TV-Team bei seiner Darmspiegelung begleiten lassen, Eckart von Hirschhausen hat (ebenfalls 2018) Einblick in seinen Darm gewährt, Pionierin aber war eine Frau! Vor 17 Jahren versuchte bereits eine Ex-Tagesschausprecherin so, ihre bis dato vor sich hindümpelnde Schauspielkarriere in Schwung zu bringen. Doch dieser anale TV-Auftritt beendete die junge Filmkarriere noch im Aufwachraum. Dafür gewann das Koloskop an Popularität, und das war ja auch die eigentliche – und wirklich gute – Absicht der Blondine.

Trotzdem habe auch ich mich jahrelang gegen den Gedanken gewehrt, einen Schlauch mit Kameraaufsatz durch meine Gedärme kriechen zu lassen. Einfacher wäre ja noch die Vorstellung, er würde wenigstens mit dem Strom wandern, aber so ist es ja nicht. Denn die Koloskopie ist ja nur möglich, indem man einen technisch hochkomplexen Schlauch gegen die allgemeine Marschrichtung erst mal nach oben reinschiebt, um ihn dann für die eigentliche Untersuchung ganz langsam wieder rauszuziehen. Ich weiß nicht, vielleicht bin ich spießig, aber ich find's befremdlich. Da musste ich schon eine Weile grübeln und habe lieber das – vom Urologen oder Hausarzt überreichte – kleine Stuhlprobenset mit ins Badezimmer genommen. Es enthält kleine Pappstreifen, welche als Spachtel dienen, sowie eine Art Papppalette mit Vertiefungen, in die man den eigenen Stuhl schmiert und dann verschließt. Klingt einfach. Doch die Kunst besteht darin, vor allem bei modernen Tiefspültoiletten, überhaupt Zugriff auf den Stuhl zu bekommen, bevor er im Wasser verschwindet. Manche Hersteller bieten dazu eine Art wasserabweisendes Butterbrotpapier an, welches Sie mit einer selbstklebenden Fläche derart in der Toilette anbringen, dass der Stuhl wie auf einer Hängebrücke über dem Wasser abgefangen wird. Das ist sehr praktisch, denn Sie brauchen sich nun nur noch genau über den liebevoll befestigten Streifen zu setzen und hoffen, dass bei der Stuhlplatzierung kein seitliches Übergewicht entsteht, welches das gesamte Tagesgeschäft in die Fluten reißt.

Sobald das geschafft ist, nehmen Sie an drei unterschiedlichen Stellen kleine Proben mit jeweils einem neuen Pappspachtel und verstreichen diese säuberlich in eine der Vertiefungen des Pappträgers, den Sie dann – mit Hilfe eines daran befestigten Umschlagblattes – hygienisch zukleben können. So werden an drei aufeinanderfolgenden Tagen Proben entnommen, mit Datum und Namen beschriftet und in dem mitgelieferten Rückumschlag zurück an das Labor geschickt.

Nach wenigen Tagen erfahren Sie von Ihrem Arzt, ob okkultes (also verstecktes, für unser Auge unsichtbares) Blut im Stuhl gefunden wurde. Wenn dem so ist, war alle Bastelarbeit umsonst. Sie haben keine Wahl, ab hier führt kein Weg mehr an einer Darmspiegelung vorbei. Allerdings kann der Test auch positiv ausgefallen sein, weil vor der Probe zu viele Orangen gegessen wurden, welche im Labor ein ähnliches Testergebnis liefern wie Blut. Sollte der Test erfreulicherweise negativ ausfallen, heißt es trotzdem leider nicht automatisch, dass Sie keinen Darmkrebs haben, sondern nur, dass in den Proben kein Blut gefunden wurde. Die Sinnhaftigkeit des ganzen Prozedere ist also durchaus zu diskutieren. Alternativ können Sie auch einen (weniger aufwendigen) Test auf sogenannte »Tumormarker« im Stuhl machen lassen. Dafür müssen Sie ein Plastikstäbchen nur ein einziges Mal in den Stuhl pieksen, es wieder rausziehen, in das mitgelieferte Röhrchen stecken und fertig. Ab in die Post. Kein Rumgestochere an drei Stellen an drei Tagen, und ohne jedes Geschmiere auf Pappdeckeln. Bei dieser Version sucht das Labor nach bestimmten Enzymen, welche bei Tumoren oder Tumorvorstufen zu finden sind. Somit lässt das Ergebnis sich nicht von Orangen oder Hämorrhoiden täuschen. Doch auch diese Methode liefert bei weitem nicht so verlässliche Ergebnisse wie die Koloskopie.

(Anmerkung: An dieser Stelle frage ich mich gerade selber, warum ich die echt eklige Pappdeckelnummer eigentlich angenehmer finde als eine – dagegen absolut keimfreie, hygienische und saubere – Darmspiegelung. Vielleicht ist es das Archaische in uns, was die Suche nach Blut, welches sich vor mir im eigenen Stuhl verstecken will, eher als einen instinktiv männlichen Akt betrachtet, als schlafend einen Aal in sich flussaufwärts schwimmen zu lassen.)

Denn ehrlich gesagt gibt es gar keinen Grund, sich vor der Darmspiegelung zu fürchten. Es ist eine sinnvolle Vorsorgeuntersuchung, da ein Tumor im Darm meist sehr langsam wächst und – rechtzeitig erkannt – vollkommen entfernt werden kann. Wenn Sie Glück haben, bekommen Sie das gute Abführmittel, das nach Zitrone schmeckt und von dem Sie nur zwei Gläser trinken müssen – und schwupps geht's los. Wenn Sie allerdings Pech haben, bekommen Sie ein sehr viel ekligeres Produkt, von dem Sie zwei Liter trinken müssen und froh sein können, wenn es seine Wirkung entfaltet, bevor es oben wieder rauskommt.

Aber egal, welches Getränk Ihr Arzt für Sie aussucht, Sie verbringen den Tag vor der Untersuchung auf einer heimischen Sitzgelegenheit nahe dem Klo, rennen ein paarmal hin und her, wundern sich, wie viel Suppe man so in sich haben kann, und schlafen irgendwann hungrig ein. Wenn Sie am nächsten Morgen aufwachen, ist es schon so weit: Am besten fahren Sie mit Bus, Bahn oder Taxi, denn auf dem Rückweg sollten Sie nicht selber Auto fahren. (Auch wenn Sie sich topfit fühlen! Versprochen?!) Sie können sich auf dem Weg zum Schafott auch begleiten lassen, wenn Ihnen danach ist. Einmal in der Praxis angekommen, sind Sie aber auf sich allein gestellt: Sie werden sich in einer kleinen Garderobe ausziehen, ein Flügelhemd überziehen und es sich auf einer Trage bequem machen. Gut zugedeckt, werden Sie dann von einer Schwester oder der Anästhesistin abgeholt und in den Untersuchungsraum geschoben. Dort werden Sie gebeten, sich auf die linke Seite zu drehen, und bekommen über den bereits gelegten Zugang (= die Nadel in Ihrem Arm) das Narkosemittel schmerzfrei verabreicht und schlafen sofort tief und fest. (Dabei handelt es sich übrigens meistens um das beliebte Propofol, für manche der wahre Grund, sich untersuchen zu lassen.) Und dann: Schiff ahoi! Der Arzt wird das flexible Koloskop durch den After einführen, ein wenig Luft in den Darm pusten und den Schlauch vorsichtig durch den Dickdarm bis zum Ende des Dünndarms schieben. Von dort aus wird das Koloskop langsam zurückgezogen und dabei der Darm eingehend untersucht. (Sie dürfen natürlich auch auf die Vollnarkose verzichten und sich alles auf dem Bildschirm ansehen. Funktioniert angeblich ebenfalls schmerzlos.)

Das Koloskop können Sie sich wie einen ein Zentimeter dicken Multifunktionsschlauch vorstellen: Eine Lichtquelle ermöglicht der eingebauten Kamera, gestochen scharfe Bilder auf mehrere Monitore im Raum zu übertragen, während durch Seitenschläuche innerhalb des Hauptschlauches eine winzige Zange oder andere Geräte geführt werden können. (Eigentlich wie ein Schweizer Messer mit Lampe, das ich mir nicht an den Gürtel schnallen, aber rektal einführen kann.) So ist es möglich, in einem Arbeitsgang sowohl den Darm zu untersuchen als auch Polypen zu entfernen und die Schnittstelle direkt zu veröden, ohne dass Sie davon irgendetwas

93

mitbekommen. Die Narkose wird so lange aufrechterhalten, wie die Untersuchung dauert, doch sobald diese sich zum Ende neigt, wird nicht mehr nachgelegt, und Sie sind schnell wieder einigermaßen bei Bewusstsein. So war zumindest mein erstes Mal. Ich erinnere mich selten an Träume, doch dämmerte mir im Aufwachraum, ich hätte gerade eine Schlange geboren …

Nun lag ich alleine da, döste so vor mich hin und fragte mich, wieso ich diese simple Untersuchung so lange vor mir hergeschoben hatte. Selbst wenn wir versuchen, alle Risiken zu minimieren, uns ballaststoffreich ernähren, nicht zu viel Alkohol trinken, nicht rauchen, ausreichend Sport treiben und kein Übergewicht haben, können wir nie sicher sein, ob und was sich in uns entwickelt, wenn wir nicht reingucken. Sieht es der Arzt, kann er es entfernen und uns so vor Schlimmerem bewahren.

Also, Männer: Es muss gemacht werden, let's face it, wo ist das Problem!? Viel beschissener wäre es, aus Angst, Scham oder was auch immer an einem Tumor zu sterben, den man hätte verhindern können.

II.
DIE ERLOSCHENE
LEIDENSCHAFT

»Man muss immer wieder versuchen,
sich zu erinnern, was man an dem anderen
mal anziehend und sexy fand.«

EIN ABEND ZU ZWEIT

Geduld ist so eine Sache. Gesegnet sind die, denen sie in die Wiege gelegt wurde. Wir anderen lernen sie – ausgehfertig, mit dem Autoschlüssel in der Hand, an der Wohnungstür lehnend.

Ganz egal, wie lange der Termin schon steht (ob Tage, Wochen oder sogar Monate im Voraus) und eine feste Uhrzeit zur Abfahrt ins Theater klar besprochen wurde – es läuft immer auf das Gleiche hinaus: Sie stehen im Flur, während Ihre Frau noch irgendwo irgendwas zum Anziehen sucht. Oder sich schminkt, oder die Haare föhnt, ihr Telefon sucht oder irgendetwas anderes sie davon abhält, endlich fertig zu werden.

Doch ich greife vor, denn normalerweise ist zu diesem Zeitpunkt ja schon das meiste geschafft, und Sie haben die – sich wiederholenden – Dialoge im Bad, Schlaf- oder Ankleidezimmer erstaunlicherweise erfolgreich überstanden und immer noch die Hoffnung, heute endlich wieder einmal gemeinsam auszugehen. Denn das sieht kurz vorher meist noch aus wie ein Ding der Unmöglichkeit.

Ein Abend zu zweit. Klingt gut, ist aber total vermintes Gelände. Die Planung, der Weg dahin, ein gigantisches Projekt – die Marslandung des kleinen Mannes. Und wenn der Tag dann naht, eigentlich ein Anlass zur Freude, sitzen un-

zählige Paare irgendwann abgehetzt und heillos zerstritten im Konzert oder beim Italiener, wo eine schon vorher völlig unnötige Diskussion noch fortgeführt wird.

Es ist nicht ganz einfach, aber möglich, die kritische Phase (bis man tatsächlich gemeinsam und gutgelaunt das Haus verlässt oder irgendwo eintrifft) zu überstehen. Wir können es schaffen, doch es gilt, erst schroffe Klippen zu umschiffen, die wir nur sehen, wenn wir bereit sind, ein paar Dinge mal beim Namen zu nennen.

Es ist wie verhext, aber trotz ihres überquellenden Kleiderschrankes hat eine Frau meist nichts anzuziehen. Oder nichts, was ihr gefällt. Und so steht sie dann da, 20 Minuten vor der von ihr selbst festgelegten Abfahrtszeit, in einem Haufen Kleider, die sie bis dato alle superschön fand – sonst wären sie ja nicht in ihrem Schrank. Aber für diesen Abend passt plötzlich keins. Was ihr aber jetzt erst klarwird. Und damit beginnt die kritische Phase. Ihre Frau macht das Ganze leider nicht mit sich alleine aus. Sie werden ungefragt mit ins Spiel gezerrt. Anteilnahme wird erwartet. (Vermutlich sogar Verständnis.) Stumm im Flur rumstehen und mit dem Autoschlüssel klimpern hat jetzt leider keine aufmunternde Wirkung, es ist offenbar eine Kriegserklärung. Also versuchen Sie es mit »Was du vorhin anhattest, war doch prima!« Aber: keine Reaktion.

Auch das Argument, Sie seien als Zuschauer im Theater und nicht auf der Bühne, beschleunigt die Entscheidungsfreude nicht im Geringsten, sondern lässt in den hilflos-verzweifelten Augen zusätzlich einen Hauch von Wut aufblitzen. Sie zieht also hektisch ein weiteres Kleid an, hält ein anderes neben sich und eröffnet so den Weg zum ersten Fettnäpfchen.

Sie gleiten nun unaufhaltsam in die nächste Phase, aus der Sie als Verlierer vom Platz gehen. Egal, wie viel Mühe Sie sich geben.

Vorsicht: Auf die Frage, welches Kleid besser ist, gibt es keine richtige Antwort. »Dir stehen beide« geht nicht, da es keine Entscheidungshilfe ist. »Ich finde das blaue schöner« ist zu ungenau, eine Begründung muss dann nachgereicht werden, und was immer Sie jetzt an positiven Eigenschaften hervorheben, kommt unweigerlich als negative Eigenschaft des anderen Kleides an. ABER: nicht als Fehler des Kleides, sondern als versteckte Kritik am Körper Ihrer Frau. »Also bin ich zu dick?« – »Nein!« – »Warum sagst du dann, dass das andere meine Figur so toll betont?« – »Weil es eine hammer Taille macht!« – »Das heißt, ich soll das anziehen, weil ich sonst aussehe wie ein Klops?« – »Wie kommst du denn

99

darauf? Du bist total schlank. Du kannst doch gar nicht dick aussehen, man sieht doch, es ist der Stoff, der da so dick macht!« – »Aha! Da sagst du es ja selber, ich sehe dick aus!«

Okay, Männer. Weiter ruhig atmen und versuchen, Ruhe und Zuversicht auszustrahlen. Ihre Freunde können sicher vor dem Theater warten und die Karten schon mal an der Kasse abholen. Alles kein Grund zur Panik. Sie sollten wenigstens äußerlich den Anschein erwecken, dass Sie in der Lage sind, am Rande dieser Klippe zu drehen, um der Kultur auf allen Ebenen noch eine Chance zu geben. (Vermeiden Sie tiefes, vor allem hörbares Ein- oder Ausatmen ebenso wie Trommeln mit den Fingern auf einem Schallkörper wie Schlüsselschränkchen oder Schuhregal.) Rufen Sie Ihre Freunde an, vielleicht haben die schon einen Parkplatz vor dem Theater. Besprechen Sie die winzige Verspätung in einem leichten Plauderton, das hat eine beruhigende Wirkung und zeigt, dass Sie frei von Hektik oder Groll sind. Sollte Ihnen jedoch schon der Schweiß zwischen Fliege und Bauchbinde zu schaffen machen, nehmen Sie das Handy mit ins Bad. Dort können Sie dann das Horrorszenario (halbnackte Frau am Rande des Nervenzusammenbruchs) Ihren im Foyer wartenden Freunden flüsternd übermitteln.

Und wenn Sie schon mal da sind: eine Handvoll kaltes Wasser kann helfen! Vielleicht holen Sie sich noch schnell einen Wodka aus der Hausbar (riecht man nicht) und versuchen, sich nach einem Schluck mit einfachen Atemübungen wieder runterzupegeln.

Schließlich ist ein Abend zu zweit für die meisten Paare

mit Kindern eine so seltene (meist hart erkämpfte und dem Babysitter teuer bezahlte) Ausnahme, dass absolut alles daranzusetzen ist, diese Stunden zu schützen.

Doch es sind gerade diese Stunden, in denen uns oft das ungute Gefühl beschleicht, dass irgendwas nicht rund läuft.

Denn nun stehen Sie da mit Ihren blanken Nerven, und Ihnen wird klar, dass Sie beide so gar nichts mehr miteinander zu tun haben, außer den Alltag zu organisieren, Schulbrote zu schmieren und zum Fußballturnier am Sonntagmorgen vor Sonnenaufgang zu hetzen, während Ihre Single-Freunde sich gerade das erste Mal umdrehen.

Natürlich lieben Sie Ihre Kinder über alles. Sie haben sie sich gewünscht als Krone Ihrer Liebe, als Ideal, als größtes Lebensziel und Sinn.

Aber das Liebesleben findet inzwischen mit angelehnter Tür und Babyphone in der Dusche statt, und jedes zweite Wochenende darf einer von Ihnen bis acht Uhr schlafen, wenn der Hund mitspielt und anhält. Und nur, wenn kein Übernachtungsbesuch rumkreist, der natürlich nichts von der Ausschlafverabredung weiß, dafür aber 20 Minuten erfolglos versucht, ein Stück Schokolade aus dem alarmgesicherten Plastiktresor Ihres triumphierenden Sohnes zu holen.

Mag sein, vielleicht weiß ich das alles nur nicht zu schätzen. Ich sollte mich auf ein Wochenende freuen, bei dem nicht nur unsere eigenen Kinder mit im Bett liegen, sondern auch noch deren Freunde und Nachbarskinder um fünf Uhr morgens im Kleiderschrank mit Taschenlampe Verstecken spielen. Vielleicht geht es ja auch nur mir so, und bei Ihnen

101

ist es ganz anders. Ihre Kinder lesen den ganzen Tag in ihren Zimmern oder sind im Internat. Dann ist das hier absurdes, nicht nachvollziehbares Gejammer über den Verlust von etwas, das Ihnen nie abhandengekommen ist. (Dann würde ich mich sehr freuen, von Ihnen zu hören, um Ihre Tipps all jenen weiterzugeben, die noch täglich auf der Suche nach einer Sekunde Freiheit sind.)

Doch dem durchschnittlichen Menschenpaar werden (natürlich selbstverschuldet – wir wollten ja Kinder) endlos Knüppel zwischen die Beine geschmissen, welche es schier unmöglich machen, etwas zu zweit zu unternehmen, einfach mal wieder als Paar, so wie früher.

Es fehlt schlicht die Zeit. Und dann kommen Stress, chronischer Schlafentzug und mangelnde persönliche Bedürfnisbefriedigung hinzu. Man redet kaum noch miteinander, dafür dauernd über Dinge, die abzuarbeiten sind: Die bevorstehende Mathearbeit, die Steuererklärung, der Termin beim Kinderarzt, der Hund braucht eine Wurmkur, was gibt's zu essen? Abends hängen Sie vollkommen erledigt vor der Glotze. Persönliche Themen? Fehlanzeige. Noch schnell auf ein Glas Wein um die Ecke? Sex?

Zu müde. Kein Babysitter. Heute nicht.

Sie haben sich mit der Nichtexistenz des liebenden Paares, welches Sie einst waren, schon abgefunden und wagen kaum noch einen Gedanken daran.

Und natürlich sind ständig tausend Dinge wichtiger: Kinder und Tiere haben Priorität, irgendeiner will immer was. Und so rutschen Sie auf der Liste immer weiter nach hinten.

Zu sehr fühlen Sie sich verpflichtet, es allen anderen recht zu machen, zu egoistisch erscheint der Wunsch nach Zweisamkeit. Aber das ist totaler Quatsch! Sie haben jedes Recht dieser Welt, auch auf sich zu achten, auf sich als Paar, welches diese ganze Familie erst möglich macht. Wenn es uns nicht gutgeht, dann können wir auch nicht lange für das Wohl der Kinder sorgen. Daher tun wir nicht nur uns und unserem Partner einen großen Gefallen, sondern auch allen, die von uns abhängen, wenn wir den Mut haben, auch für uns etwas zu tun. Klingt sehr pathetisch, ist es auch. Aber: In regelmäßigen Abständen haben alle Eltern es nötig und – vollkommen zu Recht – verdient, einen Abend allein zu verbringen. Ohne Kinder. Also gehen Sie fröhlich aus, statt die kostbare Zeit mit überflüssigen Diskussionen zu verplempern.

Genießen Sie den Abend, tun Sie, was Sie früher zusammen getan haben, und freuen Sie sich über Ihr gemeinsames Leben – und klären Sie die Kleiderfrage möglichst am Abend vor dem gemeinsamen Ausgang …

Nur noch mal so zur Erinnerung:

Was hält eine Beziehung frisch?
Gemeinsame Qualitätszeit. Damit ist nicht gemeint, den Wagen in die Werkstatt oder zum Einkaufen zu fahren. Nehmen Sie sich ganz bewusst Zeit füreinander und nicht nur für die notwendigen Alltagserledigungen.

Eine gute Idee:

Treffen Sie sich mit Ihrer Partnerin nach der Arbeit in einem Restaurant. Packen Sie ein frisches Hemd in die Aktentasche. Ihre Frau zieht sich alleine zu Hause um – so ersparen Sie sich gegenseitig den Stress und treffen sich wie früher, als Sie noch getrennte Wohnungen hatten …

Der andere ist doch sowieso da!

Von wegen! Wenn wir uns durch den Alltagsstress auseinandertreiben lassen und den Partner nur noch wie ein Möbelstück wahrnehmen, dann verlieren wir automatisch das Interesse aneinander und leben nebeneinander her. Rücken an Rücken ist ja nicht das Ziel einer glücklichen Beziehung.

Achtung Bedürfnisse!

Fragen Sie sich, was Ihnen ganz persönlich und als Paar guttut!

Und wenn die Zeit fehlt?

Dann muss man sie sich ganz bewusst suchen und schaffen! Nach der ersten Verliebtheit verliert sich die Bindung viel zu schnell durch alles um uns herum, was uns im Griff hat. Da müssen wir für uns als Paar kämpfen.

Und natürlich: Zuhören! Interesse am Partner haben und den Respekt voreinander nicht verlieren!

GRUNDLOSER STREIT

Nicht nur wir werden älter und bekommen Macken, innerlich wie äußerlich, damit einher geht ja auch die langsame Vergreisung der Beziehung, Partnerschaft, Ehe. Es schleifen sich schlechte Gewohnheiten ein, und so manches verselbständigt sich. Offene Haare werden seltener, der Dutt wird zum Dauerzustand, die verbalen Hemmschwellen sinken, und gemütliche Gammelklamotten vertreiben den letzten Hauch von Sexyness. Ihre Beziehung bekommt sichtbare und spürbare Alterserscheinungen.

Trauriges Beispiel ist die Kommunikation. Irgendwann nehmen die Gespräche den immer gleichen Verlauf, und Sie wissen schon beim ersten, vermeintlich harmlosen Satz, dass drei Minuten später der Tag in Trümmern liegt. Aber das muss nicht so bleiben. Mit ein bisschen gutem Willen und Fachwissen werden Sie in Zukunft in der Lage sein, völlig bescheuerte Diskussionen im Keim zu ersticken. Dazu sollte man allerdings wissen, wie Frauenköpfe im Innern konstruiert sind. Haben Sie sich früher eher (oder ausschließlich) mit dem äußeren Erscheinungsbild beschäftigt, so müssen Sie nun einen Blick hinein werfen.

Immer noch eines der größten Mysterien unserer Zeit ist das menschliche Gehirn. Ein schmerzunempfindliches, blumenkohlartiges Gebilde, welches unsere Vorfahren schon Pyramiden bauen ließ, Begriffe wie »Ethik« möglich macht (und dass man darüber diskutieren kann) und unser menschliches Überleben – trotz unzähliger Mängel gegenüber anderen Lebewesen – sichert.

Wie unser Gehirn wirklich funktioniert, werden wir, wenn überhaupt, in ein paar hundert Jahren vollumfänglich verstehen. Doch vor allem dank dem Neurowissenschaftler Erik Kandel wissen wir heute immerhin schon, wie »das Gedächtnis« prinzipiell entsteht und warum Lebewesen (die Schnecke Aplysia ebenso wie wir, Homo sapiens) in der Lage sind, aus Erfahrungen zu lernen: Bestimmte Reize führen zu elektrophysiologischen Veränderungen, welche entsprechenden Synapsen (Umschaltstellen in Nerven) zugeordnet werden können. So lernen wir z. B. Schmerz zu vermeiden. Diesen Vorgang konnte Kandel an den besonders großen Neuronen der oben genannten Schnecke beobachten. Und obwohl seit dieser Entdeckung Mitte der 60er Jahre der Menschheit bekannt ist, wie offensichtlich, logisch und simpel selbst die maximal sechs Zentimeter großen Breitfußschnecken aus Erfahrungen lernen, blicken sich täglich Millionen Paare in die Augen und haben nicht den geringsten Schimmer, was dahinter vor sich geht.

Je länger wir mit einem Partner zusammenleben, desto besser lernen wir ihn kennen. Und je besser wir ihn kennen, desto vorhersehbarer werden seine Reaktionen. Macht man dazu ein paar einfache und vor allem stumme Experimente, lässt sich das schnell belegen: Stelle ich Wurst, Heringssalat und Honig auf den Frühstückstisch, so weiß ich nach 20 Ehejahren mit Gewissheit, was meine Frau als Erstes nimmt. Räume ich flache und tiefe Teller gemischt in die Spülmaschine, kann ich sicher sein, dass sie beim nächsten Öffnen getrennt stehen. Einfache Versuchsanordnungen führen zu klaren und wiederholbaren Reaktionen, auf die ich mich einstellen kann. Aber leider eben nur nonverbal ... Sobald Männer und Frauen miteinander sprechen, teilt sich die Menschheit in zwei Hälften, und nichts ist mehr vorhersehbar.

Sobald ein Wort ausgesprochen wurde, steht es im Raum und wird nun von jedem Zuhörer so aufgenommen, wie er oder sie dieses Wort versteht. Das Gehirn hat sofort eine entsprechende Erfahrung parat, die wiederum auch an ein Gefühl gekoppelt ist. Wenn eine Frau »meine Mutter« sagt, löst das bei Ihnen eine ganz andere Reaktion aus (meist eine Art Fluchtreflex) als bei Ihrer Partnerin (oft Geborgenheit, Hilfe oder Kuchen). Ein anderes Beispiel ist der Begriff »Handtasche«. Männer empfinden hier eher Gleichgültigkeit oder haben gelernt, ihre Kreditkarte in Sicherheit zu bringen, während das gleiche Wort bei Frauen eine sinnliche, fast wollüstige Begierde auslösen kann.

Und damit ist in regelmäßigen Abständen grundloser Streit vorprogrammiert. Wahrscheinlich ist nicht das Gehirn an sich das Mysterium, sondern vielmehr die Tatsache, dass offenbar jeder Mensch mit seinem ihm zur Verfügung gestellten Exemplar anders umgeht, es selber konditioniert und so die Welt auf seine ureigene Art wahrnimmt.

Angeblich unterscheiden sich männliche und weibliche Gehirne organisch so gut wie gar nicht.

Nachweisbar ist allerdings die Bedeutung eines uralten Nervenzellkerngebiets, bestehend unter anderem aus dem *Nucleus praeopticus medialis et lateralis,* welcher das Sexual-, Aggressions- und Dominanzverhalten steuert. Bei Männern ist dieses Kerngebiet nicht nur größer; Sexualtrieb, Dominanz und Aggression sind auch miteinander verschaltet, sie sind also untrennbar miteinander verbunden. Bei Frauen sind diese drei entkoppelt. Dieser Befund hat aber nur wenig mit der verkorksten Kommunikation zu tun, die Ursache ist also anderweitig zu suchen.

Der hormonelle Einfluss dieses Nervenzellkerngebiets ist es, der uns so unterschiedlich ticken lässt. Das Sozialverhalten an sich wird offenbar durch Hormone beeinflusst, und deren Steuerung ist bei Frauen eindeutig schwankender. Da wechseln sich Östrogen und Testosteron munter ab, und wie bitte soll man wissen, was gerade dran ist – oder die Oberhand hat – und heute das Gehirn der Gattin und ihr soziales Verhalten steuert, wenn man nicht eine Hormontabelle am Kühlschrank hängen hat? Und wer hat das schon? Es wäre echt wichtig, sich mal mit den unterschiedlichen Hormonauswirkungen zu beschäftigen. Denn hier liegt ja das Problem: Wir Männer sind einfach hormonell stabiler, wir reagieren im Prinzip immer gleich, während unsere Partnerin über Nacht ihren Hormonstatus geändert hat.

Und da sind wir wieder bei der Kommunikation. Ein Satz, der gestern noch ganz harmlos daherkam, kann heute schon Sprengstoff sein.

Erschwerend kommt hinzu, dass ein gesundes Gehirn

höchst egoistisch ist, es möchte Spaß, schöne Erlebnisse, Endorphine und Dopamin. Haben wir mit einem Verhalten Erfolg, wird im Gehirn eine Belohnung ausgeschüttet und – schwupps – werden wir dieses Verhalten immer wiederholen. Hat das Gehirn aber schlechte Erfahrungen mit bestimmten Begriffen oder ganzen Sätzen gemacht, greift es mitunter zu drastischen Maßnahmen. Entsprechend lernen wir, ungute Erfahrungen zu meiden. Und vielleicht ist das die Ursache, warum wir lernen, selektiv zu hören …

So scheint es möglich, eindeutige Worte (oder sogar ganze Sätze von Ehepartnern) umzudeuten oder wie mit einem Spamfilter auszublenden.

Vorrangig Frauen können sich damit in die Lage versetzen, Männer nicht zu verstehen, obwohl die etwas klar und unmissverständlich ausgesprochen haben.

Und dieses Unverständnis scheint sich mit der Dauer einer Beziehung zu vergrößern. Solange wir uns kaum kennen, sind wir vollkommen offen und suchen begierig nach der Bedeutung in jedem kleinsten Zeichen. Voll positiver Erwartung, hören wir aus allem Liebe und Leidenschaft heraus und haben nicht den geringsten Zweifel, nur Wohlgesinntes zu vernehmen. In diesem Stadium spielen die Hormone nicht nur verrückt, sondern eine entscheidende Rolle. Denn im Zustand der Verliebtheit sinkt der männliche Testosteronspiegel, das macht uns weicher und sinnlicher – und ist dafür verantwortlich, dass wir Dinge tun und sagen, die wir uns im Nachhinein nicht erklären können.

Die gute Nachricht: Das Testosteron steigt nach ein bis

zwei Jahren, und Sie sind wieder ein ganz normaler Mann. Nun nehmen aber im Laufe einer Beziehung die gemeinsam gesammelten Erfahrungen zu. Schöne wie schlechte. Alles abgespeichert. Die Gehirne kennen jeden Satz und haben eine entsprechende Reaktion parat. Und hat der Alltagstrott erst Einzug gehalten, ist die Neugier begrenzt, und sobald das Gegenüber Luft holt, glauben wir schon zu wissen, was jetzt wieder kommt …

Vielleicht kommt Ihnen folgende Szene bekannt vor: Sie haben gut geschlafen und putzen sich bei bester Laune morgens im Bad die Zähne. Ihre Frau schlurft müde rein, setzt sich auf die Toilette und fragt Sie etwas, das Sie aber aufgrund des Zahnputzgeräusches Ihrer elektrischen Bürste im Mund nicht verstehen. Als Sie nachfragen, drückt Ihre Frau unglücklicherweise just in diesem Moment die Toilettenspülung und sagt, Sie mögen kurz warten, da sie gerade nur das Wasser hört. Während Sie sich das Gesicht waschen, machen Sie Ihrer Frau verständlich, dass Sie nicht verstanden haben, was sie gerade gesagt hat, woraufhin sie ihre Frage, ob Sie heute »da« wären, wiederholt. Jetzt haben Sie verstanden. Aber weil »da« ja nun mal keine konkrete Ortsbeschreibung ist, fragen Sie also nach und sagen: »Da, ja, aber wo meinst du?« Sie antwortet: »Na, hier.« Da Sie aber wie jeden Tag morgens zur Arbeit gehen, sagen Sie: »Normalerweise nicht.« Woraufhin Ihre Frau antwortet: »Komm, leg dich wieder hin, wenn du so schlechte Laune hast, ist das für alle am besten« und rauscht an Ihnen vorbei, um sich anzuziehen. Sie verstehen überhaupt nicht, was los ist, und rufen ganz freundlich: »Ich habe keine schlechte Laune« und bekommen als Antwort: »Guck dich doch mal an!« Sie werfen einen Blick in den Spiegel, sehen nur Ihr normal-morgendlich-zugequollenes Gesicht und antworten, immer noch freundlich, dass Sie morgens immer so aussehen, woraufhin Ihre Frau ruft, sie habe keine Lust mehr, sich von Ihrer schlechten Laune und dem Rumgenörgele runterziehen zu lassen. Verständnislos rufen Sie zurück, dass Sie gut geschlafen haben und keine schlechte Laune hatten, bis Ihre Frau ins Bad gekommen sei und Ihnen seitdem aktiv einredet, Sie seien schlecht gelaunt, was aber ja gar nicht der Fall ist. Nun kommt die Gattin wieder reingerauscht: »Das ist ja wohl noch schöner! Jetzt bin ich schuld?« Sie versuchen, das neutral-freundlich zu verneinen, schließlich hätten Sie das ja auch nie gesagt. »Natürlich hast du das! Gerade eben wieder!« – »Nein, gar nicht.« – »Du hast es doch gerade eben selber wieder gesagt, dass du schlechte Laune kriegst, wenn ich ins Bad komme.«

So – und nun können Sie hundertmal hin und her argumentieren, wer wie was gemeint hat, und kommen nicht vom Fleck. Das Ganze eskaliert in Ihrem Versöhnungsversuch, dass der Streit doch grundlos sei, da er ja lediglich auf der unzutreffenden Unterstellung einer schlechten Laune beruhe, welche wiederum durch die absurde Diskussion im Bad ausgelöst wurde, die ihren Ursprung wiederum in einem Missverständnis hatte, aber bei genauerer Betrachtung jeder Grundlage entbehre. Jetzt herrscht Ihre Frau Sie an: »Grundlos? Dass du mich nicht wahrnimmst und ignorierst, ist kein

Mit ca. 40 Jahren haben sie die Mitte ihres Lebens erreicht.

Das haben sie bereits hinter sich.

Dies ist die Mitte
des Buches.

Das alles
kommt noch !

nur mal so zum Vergleich...

Grund?« Wahrheitsgemäß antworten Sie: »Ich habe dich weder missachtet noch ignoriert!« Doch Sie stoßen auf Granit: »Ich habe dich etwas gefragt, und du hast mich nicht im Geringsten beachtet!« – »Weil ich dich nicht gehört habe!« – »Eben! Weil du mich einfach nicht mehr wahrnimmst!« – »Ich habe dich nicht gehört, weil ich mir die Zähne geputzt habe.« – »Dann kannst du ja aufhören, die Zähne zu putzen, wenn ich dich was frage.« – »Aber ich habe doch die Frage gar nicht gehört!« – »Ja, eben! Weil ich dir scheißegal bin!«

Deutlicher lassen sich die Hormone Ihrer Frau (wahrscheinlich in diesem Fall erhöhtes Testosteron) und die zerebralen Spamfilter nicht darstellen. Und da war unser *Nucleus* noch gar nicht im Einsatz …

Fazit:

Das Gehirn ist schuld. Es gibt uns zwar die Möglichkeit zur verbalen Kommunikation, aber aufgrund hormoneller und emotionaler Störanfälligkeit lässt sich keine Vorhersage treffen, wie die gesendeten Informationen vom Empfängergehirn verarbeitet werden. Unterschiedliche Lebenserfahrungen und damit abgespeicherte Meinungen erschweren gegenseitiges Verständnis zusätzlich. Wenn jemand von einer blauen Wand erzählt, sieht jeder von uns ein anderes Blau vor sich, von hell- bis mitternachtsblau. Warum wundern wir uns dann, dass komplexere Sätze wie z. B. »Wie lange brauchst du noch?« nicht als das, was sie sind, verstanden werden (nämlich ganz einfach eine Frage, ohne jede Wertung, nur um die Wartezeit gestalten zu können), sondern als aggressives Drängeln und damit einen romantischen Abend im Keim ersticken? Wollen wir aber trotz aller bekannten Widrigkeiten in einer Beziehung mit einem anderen Menschen leben, dann dürfen wir es nicht so weit kommen lassen!

Spüren Sie also, dass Sie gerade wieder einmal in eine solche Spirale hineingezogen werden und dabei nicht nur dieser eine Abend, sondern die ganze Woche (und am Ende Ihre jahrzehntelange Beziehung) den Bach runter geht, hilft nur noch eins: die sofortige Deeskalation! Und da ist es hier bei Ihnen im Badezimmer mit Ihrer Frau nicht anders als in der U-Bahn, wenn Sie auf einen gewaltbereiten Schläger oder eine Gruppe betrunkener Hooligans treffen. Die oberste Regel lautet: »Der beste Kampf ist der, den du gar nicht führen musst!«

Tipp aus der Selbstverteidigung: Wenn Ihnen jemand blöd kommt, suchen Sie das Weite.

SEX

Zu Beginn einer Beziehung bestimmt bei den meisten von uns der Drang nach körperlicher Vereinigung den Tagesablauf. Doch erschreckenderweise, und das ist wissenschaftlich erwiesen, lässt dieses Gefühl im Laufe der Zeit zwangsläufig nach, egal wie oft man es mit einem neuen – noch heißeren oder jüngeren – Partner probiert, und macht Platz für einen (oberflächlich betrachtet) stupiden Alltag. Ich kenne keinen, der sich das so gewünscht hat. Doch ich weiß von vielen, die sich in diesem Strudel gefangen sehen, ohne Aussicht auf beidseitige Wiederbelebung einstiger Freuden.

Sie haben dieses Buch zur Hand genommen, mal kurz im Inhaltsverzeichnis nachgesehen und sich gleich für das Kapitel entschieden, das Ihnen am interessantesten erschien. Warum wohl? Möglicherweise, weil es Ihnen genauso geht. Sie sind seit 20 Jahren verheiratet, lieben Ihre Frau, aber der Sex könnte besser sein. Oder irgendwie anders. Oder wenigstens vorhanden.

Fangen wir mal mit der männlichen Sicht an.

Natürlich ist es problematisch, wenn Mann sich in erster Linie über die sexuelle Leistungsfähigkeit definiert und plötzlich nicht mehr kann, wie er will. Oder Qualität und Quantität abnehmen. Warum auch immer. (Zu den Gründen kommen wir später.)

Aber die einst so quicklebendige Gurke, oder gar sich selbst, deswegen an den Nagel zu hängen, wäre sicher etwas übertrieben, denn schließlich hat der deutlich verminderte Antrieb meist keine medizinischen Ursachen, er ist viel mehr in Stress begründet.

Also erst mal durchatmen, es wird alles wieder gut – ich habe mit einer Sexualtherapeutin gesprochen. Sie bestätigt, wie komplex es heute überhaupt ist, ein Mann zu sein, da es ja eigentlich gar kein funktionierendes Rollenbild mehr gibt und unsere Gesellschaft den Mann zu einem staubsaugenden, vaterschaftsurlaubmachenden, dauerpotenten Italo-Hengst-Hybriden umfunktioniert hat. Und die Bereitschaft zu dieser Anpassung müssen wir jetzt ausbaden. Männer sehen sich in unserer Gesellschaft Rollenerwartungen gegenüber, die sich widersprechen und oft die Frage aufwerfen: Wer soll ich eigentlich sein? Der sanfte Kuscheltyp? Oder ein Macho, der sich nimmt, was er will? Was macht Männlichkeit für mich aus? Und was wird erwartet? Verständnis und Empathie? Oder Stärke und Durchsetzungskraft? Es gibt immer noch sehr stereotype (veraltete) Rollenvorbilder für Männer, und hier eine Identität zu finden, die von einem selber als authentisch und passend erlebt wird, ist für viele von uns heute schwierig.

Wenn Sie schon ahnen, dass Ihre – wie auch immer gearteten – libidinösen Schwierigkeiten eher im ganzen Drumherum verankert sind, dann müssen Sie vorerst keine Praxis aufsuchen. Allein durch die Lektüre der nächsten Seiten wird Ihnen ein Licht aufgehen. (Bei wirklich medizinischen Problemen sollten Sie allerdings zusätzlich dem Arzt Ihres Vertrauens einen kurzen Besuch abstatten.)

Natürlich haben auch Frauen ganz individuelle Gründe für den Lustverlust. Muttersein, Doppelbelastung: Kind und Karriere, viele fühlen sich einfach nicht mehr sexy, weil sie im Laufe der Jahre vom Nachwuchs ausgesaugt und, nach dem ganzen Gezippel und Gezappel zwischen Kita und Schule abends erschöpft, nur noch kraftlos ins Laken sinken, um wenigstens nachts für einen Augenblick zur Ruhe zu kommen.

Da prallen also auf beiden Seiten tausend Faktoren aufeinander, und am Ende ist das Schlafzimmer ausschließlich dem Schlaf vorbehalten, und die Einzigen, die noch auf der Matratze toben, sind die Kinder.

Es gibt hundert Ursachen, warum das Sexleben nicht mehr so ist wie zu Beginn der Beziehung – und es gibt noch mehr Dinge, die einem Sorgen oder sogar Angst machen können.

Und natürlich macht einen diese Vorstellung kirre: Das ist erst der Anfang vom Ende, alles geht den Bach runter, und die Beziehung ist im Eimer! Mit einer solchen Perspektive kann kein Mensch die nächsten 20 Jahre weitermachen. Aber Fakt ist, selbst ohne Familienstress wird kein Mensch immer guten Sex haben, egal, wie sehr man sich darum bemüht und ihn pflegt. Mittelmäßiger oder manchmal auch schlechter Sex gehört dazu, so wie man auch nicht immer guter Laune sein kann oder selbst in einer perfekten Beziehung hin und wieder Konflikte erlebt. Und Sex ist nur gut, wenn man etwas Positives damit verbindet. Wann, wo und wie oft ist total subjektiv und individuell.

Unrealistische (Traum-)Vorstellungen helfen uns da nicht, aber vielleicht bringt uns ein Blick auf die unterschiedlichen Bedürfnisse einen Schritt weiter.

Typ A hat im Laufe seines Lebens gelernt, dass Sex vor allem »Beziehung« ist, daher verringert sich seine Lust vielleicht schon nach der ersten Verliebtheit. Kleine Störungen in der Beziehung haben dann möglicherweise schon einen negativen Effekt auf seine Erregung. Wenn Sie also der Sex=Beziehung-Typ sind, wird aus Ihrer Pamela Anderson (während Sie abends noch schnell die Spülmaschine einräumen, bevor es losgeht) unversehens die leibhaftige Mutter Beimer, nur weil Ihre Frau (noch als Pamela) erwähnt, dass der große Pasta-Topf bei Ihrer Einräumtechnik den Spülarm der Maschine behindert und sie letztes Mal stundenlang versteinerte Nudeln vom Boden kratzen musste. Es folgen ein kurzer verbaler Schlagabtausch über die bedingungslose

Bewegungsfreiheit der Spülarme als Grundvoraussetzung eines befriedigenden Waschergebnisses und eine leider ruhige Nacht. Fazit: Für diesen Typ Mensch versaut schlechte Stimmung die Lust.

Typ B kann wiederum unabhängig von Liebesgefühlen Körperliches genießen. Hier ein Beispiel aus dem Alltag: Sie haben nach dem Elternabend noch mit zwei, drei netten Müttern und Vätern ein Bierchen beim Griechen getrunken, und da Ihre Frau abstinent blieb, sitzt nun ausnahmsweise sie am Steuer, während Sie mit ihrer Handtasche auf dem Schoß neben ihr Platz genommen haben. Leider kommt es auf der Rückfahrt zu einer sinnlosen Diskussion über die Dauer der Fährverbindung vom griechischen Festland nach Kreta, keiner gibt nach, sie finden sich gegenseitig doof, bis sie beide stumm geradeaus starren. Doch als Mutter Beimer den Wagen auf eine endlose Kopfsteinpflasterstraße lenkt und ihre Handtasche nicht aufhört, Ihren Schoß zu bespringen, geschieht das Unvermeidliche: Während Ihre Frau trotzig nur noch nach Hause will (und vor allem weg aus Ihrer Nähe), bekommen Sie durch die unglückliche Kombination von Handtasche und Hubbelstraße rein mechanische Reize im Schritt und wollen vögeln. Fazit: Sie sind Typ B, Ihnen ist die Stimmung wurscht, die Lust wird aus anderen Quellen gespeist.

Wohl dem Paar, welches die gleichen Lustauslöser hat.

Doch selbst wenn Sie da ähnlich gestrickt sind, kein Paar ist ein einziges Ganzes, zwei Menschen sind keine zwingend zusammengehörende Einheit. Es treffen immer zwei

120

Individuen wie zwei Welten aufeinander. Am Anfang einer Beziehung werden die Unterschiede als schön oder sogar bereichernd erlebt. Doch innerhalb kürzester Zeit wird das, was die beiden Menschen unterscheidet, zu dem, was dem anderen auf die Nerven geht. Nehmen wir also an, Ihre Frau konnte sich bei Ihrem ersten Date nicht entscheiden, was sie essen wollte, und Sie haben charmant ihre Hand ergriffen, sie sanft an sich herangezogen und geflüstert: Ich suche etwas für dich aus, und du wirst es lieben – vertrau mir. Das war supersüß und irgendwie sexy. Und dann kam das Essen, sie liebte Ihren Vorschlag, alles war köstlich, unendlich romantisch und der Beginn einer heißen Nacht. Damals vor 20 Jahren. Doch Ihre Frau kann sich auch heute nicht entscheiden, und ihre Unentschlossenheit macht Sie inzwischen wahnsinnig. Die Kinder rennen um den Tisch, und die Speisekarte ist im Laufe der Jahre zu einer Chinesischen Mauer geworden. Statt engumschlungen, wohlig satt, mit einem letzten Tropfen Rotwein auf den Lippen aus dem Laden zu schlendern, eiern Sie beide genervt hintereinander her zum vollgekrümelten Kombi.

Vielleicht sind Sie aber auch beide der gleiche Sextyp. Sie sind ein tolles Team, beste Freunde und haben immer noch keine Macken an dem anderen entdeckt; sie meistern den Alltag als Paar, lösen alle Konflikte und haben vielleicht sogar noch eine gemeinsame Firma – und trotzdem ist der Sex langweilig geworden. Ganz ehrlich? Kein Wunder! Wenn Sie mit Ihrer Frau die Steuererklärung gemacht, noch schnell gemeinsam die vollgesiffte Biotonne gereinigt und dann als super eingespieltes Team einmal komplett feucht durchgewischt haben – wie will man danach plötzlich umschalten auf *dirty talk* und Massagekerze?

Es ist zum Verzweifeln – und dabei haben wir noch kein Wort über Kinder verloren.

Sie sind das größte Glück dieser Erde. Sie bereichern unser Leben in jeder Sekunde, und wir Eltern sind unendlich dankbar, sie zu haben. Doch bei aller bedingungslosen Liebe muss man ganz klar sagen: Das Sexleben der Eltern verbessern sie nicht. Normalerweise sabotieren sie es eher. In den – sowieso schlaflosen – Nächten wird gestillt, gewickelt, aufgewischt, umgezogen, neu bezogen, gesungen, gekuschelt und getröstet, aber sicher nicht gevögelt. Tagsüber sind Eltern im Vollstress, abends zu müde. Und selbst wenn Sie mal beide wollen: Es gibt einfach kaum einen Platz, wo man mal für fünf Minuten alleine ist. Und da normalerweise an dem Elternteil, der die meiste Zeit zu Hause verbringt, auch noch permanent ein Kind am Arm, auf den Schultern, am Hals oder der Hose hängt, ist das Bedürfnis nach körperlicher Nähe damit schon weitgehend abgedeckt. Kommt nun der andere Partner von der Arbeit und will kuscheln oder mehr, so ist es logischerweise oft ein sehr einseitiges Bedürfnis …

Sicher fallen Ihnen noch unzählige sexuelle Frustauslöser ein, doch die machen alles nur noch trauriger. Sie zeigen aber auch, wie wichtig es ist, endlich Wege zu finden, um eines Tages wieder Licht am Ende des Tunnels zu sehen.

Da manche Eheleute sich sehr offen um Lösungen bemühen, kann es zum Beispiel durchaus sein, dass Sie eines

Tages aus heiterem Himmel auf einen kurzzeitigen Partnertausch angesprochen werden. Vielleicht ist ein Paar in Ihrem Freundeskreis viel mutiger und hat schon Erfahrungen im Swingerklub oder auf privaten Partys gesammelt und möchte Sie nun animieren, gewohnte Konventionen und die Jogginghose abzulegen, um sich frischen Wind um die Lenden blasen zu lassen. (Es muss ja nicht so eine eklige Bummsbude mit runtergelassenen Rollos an der nächsten Straßenecke sein, in dem Sie gegebenenfalls Ihren Zahnarzt samt Ehefrau zusammen mit der Kassiererin des Feinkostgeschäftes und dem Cellolehrer Ihrer Tochter im Darkroom verschwinden sehen.) Vielleicht ist das einen Versuch wert, doch bevor Sie nun euphorisch Hals über Kopf im Telefonbuch nach dem nächsten Saunaclub suchen, sollten Sie sich schnell noch ein paar Fragen stellen:

Empfinden Sie es als Betrug am Partner, obwohl der genauso seinen Spaß hat?

Schränken Sie sich oder die Bedürfnisse Ihres Partners ein, weil Sie an – von wem auch immer erdachten – Verhaltensregeln festhalten?

Kann man einen Menschen besitzen?

Sind wir natürlicherweise monogam, oder ist das nur eine moralische Norm, die wir uns selber auferlegen?

Macht mich nicht heiß, was ich nicht weiß?

Bin ich vielleicht viel zu eifersüchtig?

Zerbricht wirklich etwas, wenn ich mich körperlich betrogen fühle?

Was kann ich verlieren?

123

Seit sich die meisten (modernen) Menschen von religiösen Vorschriften befreit haben, wird auch in dieser Hinsicht nichts mehr von einer höheren Macht in »Gut« oder »Böse« eingeteilt. Wollust, Eitelkeit, Habgier, Völlerei sind ja längst keine Todsünden mehr, sondern gesellschaftlich akzeptiert.

Wir sind selber verantwortlich und werden in erster Linie von unseren Gefühlen geleitet, der eigenen Freude im Verhältnis (oder: Gegensatz) zu dem empfundenen Leid der anderen, des Partners oder der Kinder. Leider sind wir in dieser wie in allen anderen Fragen allein. Ohne moralische Instanz von außen. Und das macht es nicht einfacher.

Wir wägen unsere Bedürfnisse und Wünsche ab und tragen die alleinige Verantwortung für unser Handeln. Ablasszahlungen gibt es nicht mehr. Wie schön also, wenn Sie sich einig sind und gemeinsam neue Wege gehen, um den Alltag ohne Frust zu meistern, und sich wieder die Zeit nehmen, die Sie sich zu Beginn Ihrer Beziehung selbstverständlich zugestanden haben!

Die unendliche Krux besteht doch darin, dass es fast unmöglich ist, sich selbst treu zu bleiben und dabei dem anderen nah zu sein. Kompromisse, wo man hinguckt.

Wir leben mit der Idee, dass es auf immer und ewig ein »Wir« gibt, doch wenn wir ganz ehrlich mit uns und unseren Wünschen sind, führt das sehr schnell dazu, dass sich diese Illusion eines unzerstörbaren »Wir-Gefühls« auflöst und plötzlich sichtbar wird: Es gibt ein »Ich« und ein »Du«, und wir beide sind anders. Wir wollen unterschiedliche Dinge. Wir sind freie Wesen, und es gibt immer die Möglichkeit, dass der eine von uns geht – und das kann zu einer existentiellen Einsamkeitsangst führen.

Letztlich geht es um unsere Grundbedürfnisse, und dazu gehört, neben Essen, Schlafen, Sex und einem Dach über dem Kopf, vor allem auch der Wunsch nach Nähe, ebenso wie nach Autonomie. Das ist sozusagen die schwerste Aufgabe eines Menschen, diese beiden einander widerstrebenden Bedürfnisse unter einen Hut zu bringen. Zumindest wenn er in einer Beziehung leben will. Alleine kann jeder.

Übrigens: Als die Ehe erfunden wurde, war die Lebenserwartung derart gering, dass die Menschen unsere heutigen Beziehungsprobleme gar nicht hatten. (Dafür natürlich andere, ist ja klar.)

Sicherlich haben Sie alle schon die großartigen Sexperten-Tipps in diversen Frauenzeitschriften beim Friseur gelesen. Neben Partnertausch oder Swingerklub gibt es ja noch weitere Möglichkeiten, ganz einfach (angeblich!) wieder Schwung in die Bude zu bringen. Immer gerne vorgeschlagen wird der vielbeschworene Ortswechsel (Hotelzimmer, Hochsitz, Büro nach Feierabend). Ebenso Rollenspiele oder die gezielte Verabredung, also Sex mit dem eigenen Partner als Termin. Wer hat sich das vor dem Traualtar bitte träumen lassen? Vielleicht machen Sie gleich alles auf einmal: Sie verabreden sich – als Förster verkleidet – mit Ihrer Frau im Wald. Wahrscheinlich haben Sie lange nicht mehr so viel Spaß gehabt …

125

Zum Schluss noch ein paar praktische Experten-Tipps:

Sollte man in einer Beziehung über Sex reden?
Ja. Unbedingt! Nicht alle Menschen können Gedanken und Wünsche lesen.

Bleibt das sexuelle Verlangen immer gleich?
Nein. Es verändert sich stetig und ist dabei oft lebensphasentypischen Veränderungen unterworfen.

Wie viel Sex ist normal?
Das kann man gar nicht sagen! In verschiedenen Lebensphasen wird es unterschiedliche Frequenzen und qualitative Bedürfnisse geben. Man kann sich zwar mit anderen Paaren vergleichen, aber produktiv ist das nicht.
Beziehungen können auch asexuell und trotzdem glücklich und befriedigend sein. Auch langfristig keinen Sex zu leben ist eine höchstpersönliche Entscheidung und weder medizinisch noch sonst wie »bedenklich, gefährlich oder gestört«.

Wie werde ich immer guten Sex haben?
Niemand kann immer guten Sex haben. Es ist aber schon sehr viel gewonnen, wenn
- man sich selbst, sein Gegenüber und den gemeinsamen Sex nicht allzu ernst nimmt und minutiös kritisch beäugt.

- man sich von Zeit zu Zeit fragt, was man in Beziehung und Sexualität pflegen, bewahren und sonst noch erleben möchte – oder ob es vielleicht so, wie es ist, ganz okay ist.
- man einen wohlwollenden, humorvollen Blick auf sich und einander erlernt; man ein gutes Gefühl dafür entwickelt, was für einen selbst stimmig ist und wie man sich gegenüber Normen und Vergleichen, die Druck und Stress erzeugen, abgrenzen kann.

Wie kann man auch als Eltern ein erfüllendes Sexleben haben?

Nüchtern betrachtet ist die Zeit mit kleinen Kindern für viele Eltern ein Ausnahmezustand. Dessen sollte man sich stets bewusst sein und

- für eine Weile nichts auf die Goldwaage legen.
- nicht das aktuelle Sexleben mit der Zeit vor der Geburt der Kinder vergleichen.
- trotz allem liebevoll und wenigstens halbwegs körperlich zusammenbleiben.

Das ist eine ungeheure Leistung und nicht etwa ein »Verfall«, der etwas über die Qualität der Beziehung aussagt.

Ist Monogamie nicht das eigentliche Problem?

Es ist ein Irrglaube anzunehmen, eine Öffnung der Beziehung sei eine einfache Lösung für das »Problem« Monogamie!

Die Erzählungen unterschiedlichster Menschen in der psy-
cho- oder sexualtherapeutischen Praxis belegen, dass es
keineswegs weniger anstrengend wird, Sexualität und/oder
Beziehung mit nicht nur einem, sondern mehreren Menschen zu verhandeln. Seien es offene, polyamouröse oder
polysexuelle Beziehungen.

PAARTHERAPIE

Früher hat man einfach Schluss gemacht. Das war manchmal hart und hat weh getan, aber es hing nichts dran. Keine Verantwortung, keine Kinder. Doch nach 20 Jahren Ehe ist das anders. Und selbst wenn es anscheinend ganz gut läuft, bröselt irgendwann alles so vor sich hin: Man selbst, seine angeblich bessere Hälfte, der Sex, die Ehe. Irgendwas ist irgendwann auf der Strecke geblieben. Glücklicherweise nicht bei jedem, aber es passiert viel zu oft, und das ist, um es freundlich auszudrücken, echt unerfreulich. Plötzlich befindet man sich in einer Situation, die man sich nie vorstellen konnte oder wollte: Dein Zuhause ist ein Trümmerhaufen. Keine Schmetterlinge oder Flugzeuge, sondern nur noch Leere in dir, aber du wachst nicht irgendwann aus einem bösen Traum auf, es ist die beschissene Realität. Früher haben wir kurzen Prozess gemacht. Neues Spiel, neues Glück. Und heute? Da können Sie noch so laut schreien, es kommt niemand und holt Sie aus der Honeymoon-Suite ab, die für Sie allmählich zur Hölle wird. Nur noch Schatten. Die dunkle Seite des Mondes bietet karges Land und die sichere Erkenntnis: »Erwachsen« heißt auch oft einsam. Wer hat sich nicht schon einmal im Traum ausgemalt, einfach die berühmten Zigaretten zu holen – Tschüss Schatz, die Doppelhaushälfte kannst du gerne behalten. Aber einfach abhauen geht nicht. Wollen wir ja auch nicht wirklich. Trotzdem vermissen wir die Vergangenheit und suchen das verlorene Glück.

Jeder Strohhalm könnte Rettung bringen, und man nimmt sogar dankbar den Rat an, gemeinsam eine Therapie zu machen. Früher wäre das unvorstellbar gewesen, eine totale Bankrotterklärung: Die Bereitschaft, einem wildfremden Menschen Einblick in das Vakuum unseres Lebens zu geben, um die Implosion zu verhindern. Na klar, wir gehen auch zum Arzt und lassen ihn im Mund, im Po und sonstwo seine Arbeit machen, damit es uns wieder bessergeht. Warum finden wir es nicht ebenso normal, Hilfe von außen in Anspruch zu nehmen, wenn unsere Seele schmerzt oder unsere Kommunikation nicht mehr funktioniert? Ganz einfach: Weil's bisher kein Thema war.

Als ich ein Kind war, kannten meine Eltern niemanden, der zur Therapie ging. Wir hörten zwar von einer Frau aus dem Bekanntenkreis, die in einer Irrenanstalt landete (wie man damals sagte), wo sie dann Lieder sang und Bilder malte. Nur in Amerika, das erinnere ich, sollen sich angeblich auch schon damals viele Menschen auf die Couch gelegt haben. Aber die USA waren noch ganz weit weg – und man erfuhr nur aus Kinokomödien oder beim Friseur von dem neuen Hype der Amerikaner, sich beim »Shrink« wieder auf »Normalnull« zurücksetzen zu lassen.

Inzwischen liegt nicht nur Amerika vor unserer Haustür, auch die ganze Welt ist von Therapeuten und Coaches übersät. (Das Phänomen, sich möglicherweise nur in einem

Schnellkurs ausgebildeten Experten anzuvertrauen, wurde ein wenig vorweggenommen, als vor rund dreißig Jahren plötzlich lauter Heilpraktiker aus dem Boden schossen und manche über unserem Blut oder Foto pendelten, während wir am Wählscheibentelefon auf die Diagnose warteten.) Die aktuelle Therapeutenflut könnte natürlich daran liegen, dass heute kaum noch einer echten Kontakt zu natürlichen Menschen wie Verwandten oder Nachbarn hat, weil sich alle viel lieber per SMS unterhalten; da braucht man einfach ab und an einen lebendigen Menschen aus echtem Fleisch und Blut zum Reden. Oder wenigstens einen, der zuhört – und das ist jetzt der Therapeut.

Wobei wir schon noch einen Schritt weiter sind und nicht nur einen bezahlten Zuhörer suchen, sondern für banalste Probleme professionelle Hilfe in Anspruch nehmen, weil wir offenbar nicht mehr in der Lage sind, sie selber in den Griff zu bekommen. Der Trend des modernen Menschen geht somit zum analogen Problemlöser und Gesprächspartner. Sobald ein Kind mehr als zweimal zappelt, wir in der neuen Firma nicht sofort zum *inner circle* gehören oder die Tante im dunklen Winter schlechte Laune hat, geht's geradewegs zum Fachmann. Das Angebot ist gewaltig, an jedem zweiten Haus prangt das Schild eines Therapeuten, von Ergo- über Verhaltens- bis Paartherapie steht für jedes Alter und jede kritische Familien- oder Arbeitsplatzsituation ein Profi bereit. Ich muss mich inzwischen fragen, ob ich nicht grob fahrlässig handele, wenn ich einfach nur mit meiner Partnerin, den eigenen Geschwistern, Eltern oder einem alten

Freund spreche, wenn mir etwas auf dem Herzen liegt oder ich mit einer Situation überfordert bin.

Sicher gibt es großartige Psychiater und Therapeuten, die dafür bezahlt werden zuzuhören, Probleme zu erkennen und im Idealfall auch zu lösen. Die inflationäre Verbreitung von Therapeuten, Coaches und Lebenstrainern muss ja irgendwo ihre Ursache haben – und wo sollte die liegen, wenn nicht in dem immensen Bedürfnis der Menschen und dem tatsächlichen Nutzen ihrer Dienste?

Nun lassen wir mal diejenigen beiseite, die seit Jahren von ihrem Therapeuten schwärmen, offenbar keinen Schritt vorwärts gemacht haben und ohne ihn überhaupt nicht mehr klarkommen. Wir wollen uns auch nicht mit hysterischen Eltern befassen, die ihre Kinder therapieren lassen und leider nicht erkennen, dass sie selbst viel dringender eine Beratung bräuchten.

Wir wenden uns lieber der Paartherapie zu.

Dass man sich in 20 oder mehr gemeinsamen Jahren mal so richtig auf den Zeiger geht, ist normal. Aber man kriegt eigentlich auch wieder die Kurve. Meistens.

Solange noch ein Rest Liebe und Respekt vorhanden sind, gibt es Hoffnung auf die nächsten 20 Jahre. Und vielleicht ist auch professionelle Hilfe von außen ein guter Ansatz und kann in diesem Stadium einen wichtigen Impuls geben. Was aber, wenn man zunehmend merkt, dass etwas so Elementares verlorengegangen ist, dass sich zwei fast Fremde gegenüberstehen, deren einstige Gemeinsamkeiten sich vollkommen in Luft aufgelöst haben und die nur noch streiten?

Leider habe ich noch kein Paar kennengelernt, das sich durch eine Therapie wieder ineinander verliebt hat. Das mag daran liegen, dass die meisten Paare erst dann einschlägige Hilfe suchen, wenn sie sich schon so weit voneinander entfernt haben, dass ihnen einfach nicht mehr zu helfen ist. Dann kann nur noch versucht werden, eine halbwegs freundliche Trennung hinzubekommen. (Und das ist allemal besser als eine Schlammschlacht, bei der alle Beteiligten als Verlierer rausgehen.)

Im Idealfall erwischt man also den Zeitpunkt, an dem man noch durch Hilfe von außen lernen kann, wie überhaupt miteinander geredet werden kann, ohne schon beim Luftholen auf die Palme zu gehen. Wenn also Hilfe gesucht wird, dann je früher desto besser.

Doch alles bleibt graue Theorie, solange wir nicht selber ausprobieren, was eine Therapie uns tatsächlich bringt. Einer der es getan hat, ist Chris (Name geändert), seinen Erfahrungsbericht möchte ich Ihnen hier nicht vorenthalten:

Meine Frau Lina (Name ebenfalls geändert) und ich waren damals 15 Jahre verheiratet, hatten drei Kinder, und nie im Leben wäre ich auf die Idee gekommen, dass unsere Beziehung auseinandergehen könnte. Nie hätte ich mir träumen lassen, dass eine so große Liebe mit den Jahren einfach verblasst. Nie hätte ich ein Wochenendvater sein wollen. Wir liebten uns noch, aber nur als die Eltern unserer Kinder; unser Rhythmus war nicht mehr eins, wir hatten uns unbemerkt voneinander entfernt, und plötzlich war uns klar, dass wir kein Liebespaar mehr waren. Wir hielten es irgendwie nicht mehr miteinander aus, hatten keine gemeinsame Perspektive und wussten nicht, wie es weitergehen sollte. Weder mit uns noch mit den Kindern. Wir wollten ihnen nicht weh tun und versuchten zuerst, es vor ihnen zu verbergen – aber das klappt natürlich nicht. Die Kinder wussten schon länger als wir selber, dass etwas nicht stimmte, und litten darunter – ob wir wollten oder nicht. Und als uns ein Freund erzählte, er sei mit seiner Frau bei einem ganz tollen Therapeuten gewesen, der ihre Ehe innerhalb weniger Sitzungen »gerettet« habe, da wollten wir das auch probieren. Wir hatten telefonisch einen Termin ausgemacht und waren sehr aufgeregt. Nach dem Klingeln dauerte es eine Weile, bis uns ein schwarzgekleideter, humpelnder Mann öffnete. Er habe als Kind einen Unfall gehabt und sei daher schlecht auf den Beinen, wir sollten unsere Schuhe ausziehen und uns alle duzen. Es war eine normale Altbauwohnung mit Holzfußboden. Er führte uns vom Flur in ein Zimmer mit beigem Sofa, Hocker und Sessel, daneben ein Tisch, darunter Taschentücher und eine Zimmerpflanze vor dem geschlossenen Fenster. Wir nahmen auf dem Sofa Platz, und er fragte, was uns zu ihm führe. Da in unserer Beziehung meist ich als Erster redete, fing ich auch jetzt an und sagte:

»Meine Frau und ich haben uns …«

Der Therapeut (den Namen habe ich vergessen oder verdrängt) unterbrach und sagte:

»Das geht schon mal gar nicht.«

Ich fragte: »Was?«

»Du kannst doch nicht so einfach sagen ›Meine Frau‹, es ist doch nicht deine, ein Mensch kann doch nicht einem anderen Menschen gehören.«

Ich antwortete:

»Natürlich nicht, aber wir sind verheiratet, und da ist es doch normal, wenn ich von meiner Frau spreche.« –

»Das ist es nicht, sie hat einen Namen und ist ein eigenes Wesen, das hat sie doch nicht aufgegeben, nur weil ihr geheiratet habt.«

Ich erwiderte: »Ja, das ist klar, sie hat einen Namen, und wenn ich jetzt hier über uns und unser Problem rede, dann spreche ich doch ganz normal von ihr als meiner Frau und nenne sie nicht plötzlich beim Vornamen, das wäre doch total unpersönlich!«

»Es wäre aber richtig, da du sie nicht besitzt.«

Ich lenkte ein: »Gut, ich kann jetzt auch Lina sagen, aber es klingt für uns beide komisch, so übereinander zu reden. Oder wie siehst du das?« Ich schaute meine Frau an. Und die war eigentlich ganz meiner Meinung und hatte kein Problem damit, wollte aber, dass wir hier gut vorankommen, und sagte, es sei okay, wenn ich ihren Vornamen sagte. Nachdem wir das dann geklärt hatten, ging das Gespräch folgendermaßen weiter:

Er: »Warum siehst du ein Problem in eurer Beziehung?«

Ich: »Wir haben uns irgendwie auseinandergelebt und wissen nicht mehr, wie wir miteinander umgehen sollen.«

Meine Frau fing leise an zu weinen.

135

Er fragte meine Frau »Siehst du das auch so, Lina?«, doch die weinte nur und schüttelte den Kopf.

Offenbar kannte er das schon; darum hatte er die Taschentücher genau neben dem Sofa platziert, so dass eine kleine Bewegung genügte, um sie Lina zu reichen. Sie zog ein Tuch aus der Box und während sie schnupfte, sagte er zu mir: »Du hast ganz offenbar ein Problem mit deinem Vater.«

Ich: »Wie kommst du darauf? Ich hatte eine glückliche Kindheit und kann mich an keine Schwierigkeiten mit meinen Eltern erinnern.«

Er ging gar nicht weiter darauf ein, sondern sagte, ich solle auf das Sofa steigen und im Stehen von dort auf den Hocker zeigen, der meinen Vater symbolisieren würde.

Ich fragte: »Wie bitte?«

Was war denn das für eine völlig absurde Idee?

»Ich habe kein Problem mit meinem Vater.«

Doch der Hocker-Heiler blieb hartnäckig, er bestand darauf, dass ich auf seine Sitzgarnitur steige.

»Du möchtest doch nicht die ganze Last Lina überlassen? Du möchtest doch auch etwas für eure Beziehung tun, oder?«

Das konnte ich zwar bejahen, sah aber überhaupt keinen Sinn in der Sofabesteigung. Aber er ließ nicht locker, und um Lina zu zeigen, wie weit ich für unsere Ehe gehen würde, stellte ich mich auf das Sofa und sagte:

»Und jetzt?«

»Zeigst du mit der ausgestreckten Hand auf den Hocker.

Stell dir vor, dein Vater sitzt da, und dann sage ihm: ›Ich liebe dich, aber ich brauche dich nicht mehr!‹«

Ich lachte, und er wurde sauer: »Du versuchst, mich lächerlich zu machen. Was soll das? Sag' es einfach!«

»Ich habe gar nicht vor, dich lächerlich zu machen. Ich komme mir auf diesem Sofa selber absurd und lächerlich vor. Mein Vater hat nichts, rein gar nichts mit unserer Ehe zu tun. Ich hatte noch nie ein Problem mit ihm, und ich verstehe nicht, warum ich jetzt mit dem Hocker sprechen soll!«

Aber es half nichts – und so zeigte ich auf den leeren Hocker, auf dem ich nichts sehen konnte, außer einem Fussel oder Krümel an einer Naht, und sagte:

»Ich liebe dich, aber ich brauche dich nicht mehr.«

Da huschte ein Lächeln über das Therapeutengesicht und er nickte. »Gut gemacht, Chris. Und, was macht das jetzt mit dir?«

»Was?« – »Na, dass du es nun endlich deinem Vater gesagt hast.« – »Nichts.«

»Du bist nicht ehrlich.«

Ich schüttelte den Kopf und setzte mich wieder.

»Ich habe das gesagt, weil du gesagt hast, dass ich das machen soll. Ansonsten hat es nichts mit mir gemacht.«

Das Lächeln verschwand schlagartig, und er wandte sich Lina zu. »War Chris' Verhältnis zu seinem Vater schon immer so schlecht?«

Endlich sprang sie mir zur Seite. »Nein, ich glaube, er hat immer ein gutes Verhältnis zu seinem Vater gehabt.«

»Da müssen wir dann noch mal weiter drangehen«, sagte er und ging übergangslos zum nächsten Thema über: »Wie ist denn so eure Sexualität?« Da ich wusste, wie teuer so eine neunzigminütige Sitzung ist, habe ich (wie ich heute weiß) dummerweise gedacht, ich müsse was wirklich Bedeutendes sagen – für 200 Euro nur so um den Brei herumzureden ist ja Quatsch. Also habe ich irgendwas gesagt (an den exakten Wortlaut erinnere ich mich nicht), aber in etwa klang es so: »Ich bin sexuell frustriert, weil ich anscheinend häufiger Lust habe als Lina.« Daraufhin fing Lina wieder an zu weinen, und der Therapeut sagte: »Männer wie du bekommen Hodenkrebs.«

»Das hast du ja wohl gerade nicht ernst gemeint!?«

Der Typ nannte mir daraufhin drei verschiedene Rotweine (ich hab vergessen, wie sie hießen, angeblich Spitzenweine, ich kannte aber keinen), um die er mit mir wetten wolle, dass ich demnächst Hodenkrebs bekommen würde.

Da platzte mir endgültig der Kragen. Ich sprang vom Sofa auf.

»Lina, so einen Quatsch müssen wir mit diesem Idioten nicht mitmachen. Es ist mit Sicherheit besser, wenn wir allein unten in eine Kneipe gehen und versuchen, da unser Problem zu besprechen. Okay? Was der hier mit uns macht, ist ja wohl total rausgeschmissenes Geld!«

Nun drohte er mir: »Ich werde dir auch noch diese letzte Freiheit nehmen.« Ich verstand nicht ganz. Wie sollte dieser Vollidiot mir meine Freiheit nehmen?

»Ich erlaube dir nicht, mich zu bezahlen.«

»Das empfinde ich absolut nicht als Freiheitsberaubung. Im Gegenteil, warum und wofür soll ich dich bezahlen? Wenn ich zum Bäcker gehe, um ein Brötchen zu kaufen, und dort angekommen feststelle, dass er gar keine Brötchen hat, bezahle ich ja auch nicht.« Ich verließ die Praxis, aber Lina blieb noch da und versuchte irgendwie, die Wogen zu glätten.

Sicher gibt es auch ganz andere Geschichten, doch die von Chris und Lina verlief genauso, wie ich sie hier wiedergegeben habe. (Die beiden haben es noch mit zwei weiteren Therapeuten versucht – die waren zwar nicht so krank wie der hier oben im schwarzen Rolli –, doch auch weder sie noch ihre unterschiedlichen Methoden hatten irgendeinen positiven Einfluss auf die Beziehung. Die Trennung konnten sie auch nicht abwenden. Schlussendlich war ein Mediator die beste Lösung, er hat den beiden geholfen, wieder sachlich und respektvoll miteinander umzugehen und praktische Lösungen für sich und die Kinder zu finden.)

Also:

Sie müssen für sich selber herausfinden, wie Sie Probleme in Ihrer Beziehung am besten und am erfolgreichsten lösen.

Ob mit professioneller Hilfe oder ohne. Probieren Sie es aus, oder lassen Sie es bleiben. Vielleicht geraten Sie an eine Wunderheilerin, vielleicht treffen Sie auf einen Vollpfosten.

Doch irgendwie habe ich immer das Gefühl, dass wir einfach zu oft vergessen, dem Partner wirklich zuzuhören, und so den Kontakt zueinander verlieren, einfach weil wir den anderen als gegeben hinnehmen. Er oder sie ist sowieso immer da. Wenn wir offen für einander bleiben und miteinander sprechen, wenn wir unsere Gedanken und unseren Frust einem guten Freund anvertrauen oder mit Omas, Opas, Eltern sprechen (oder wer auch immer unser Vertrauen schon über viele Jahre hinweg hat), dann sollte der Gang zum Therapeuten oft vollkommen überflüssig sein.

III.
GEDANKEN ZUR
TORSCHLUSSPANIK

Er: »Ich frage mich die ganze Zeit, ob ich jetzt mit gut 40 so bin, wie ich eben bin, und das so bleiben muss. Oder ob man versucht, sich einfach selber noch mal neu zu erfinden. Ich glaube, das macht total glücklich, nur kaum einer traut sich.«

Sie: »Heißt das, du willst uns hier sitzenlassen und erfindest dich einfach noch mal neu?«

Plötzlich sind da Gedanken, die man noch nie hatte. Es spuken einem Dinge, Phantasien und Ideen im Kopf rum, die ein paar Jahrzehnte früher niemals durch die Synapsen geschlichen wären. Und dann nisten sie sich ein und quälen mich. Die große Frage nach dem Sinn des Lebens. Was bringt die Zukunft? Wer bin ich? Was mache ich hier eigentlich den ganzen Tag? Da hat man es 40, 50 Jahre lang mit sich und der Welt mehr oder weniger ganz gut ausgehalten – und jetzt das.

Der psychische Zustand der Unsicherheit in der Lebensmitte wird für uns zum Drama. Die Erkenntnis der eigenen Sterblichkeit. Als ob man das nicht schon immer gewusst hätte. Aber langsam keimt die Torschlusspanik, und wir fangen an, alles von rechts auf links zu drehen. Oder wenigstens darüber nachzudenken …

AUSMISTEN

Man muss kein Philosoph sein, um seine T-Shirts auszumisten. Doch sobald ich eine Schublade öffne, frage ich mich unwillkürlich, wieso ich eigentlich noch so viele alte und vergilbte davon habe, obwohl ich immer nur die benutze, die oben liegen. Ich habe noch nie eins von unten herausgezogen oder absichtlich nach einem speziellen T-Shirt gesucht. Von den bedruckten Oberteilen habe ich mich eh im Alter von ca. 35 Jahren getrennt, als mir klarwurde, wie unpassend es sich für mich anfühlt, mit einem Filmposter von »Attack of the 50 Foot Woman« auf der Brust einkaufen, zur Vorsorge oder zum Elternabend zu gehen. Das war mit 20 lustig und irgendwie sinnvoll, weil es mich und meine Welt gleich auf den Punkt brachte, ein kleines Statement ohne Worte (sozusagen die Lightversion einer Ghettobox auf der Schulter). So wie ich als Erwachsener nicht zu den Menschen gehöre, die ihre Interessen und Meinungen am Heck des Autos mit Aufklebern kundtun, empfand ich es eben auch ab einem gewissen Alter als unpassend, mit beschrifteten Shirts rumzulaufen. Ich habe also nur noch einfarbige, fast alle in weiß und schwarz, wobei 80 % der weißen Vergilbungserscheinungen aufweisen und 70 % der schwarzen ausgeblichen sind. Trotzdem liegen sie noch in den beiden vollgestopften Schubladen, da ich sie ja theoretisch noch

zum Sport oder zum Schlafen anziehen könnte. Tatsächlich mache ich aber auch das nicht, da ich ja mit den oberen fünf gut bedient bin, und selbst wenn eine Woche mal die Waschmaschine nicht läuft, käme ich immer noch hin, ohne auf die unteren Schichten zurückgreifen zu müssen. Also, was bitte sollen die da noch? Man sagt: Kleider machen Leute (dazu gehören auch T-Shirts), aber ist damit auch gemeint, dass sie eine Bedeutung haben, wenn sie im Schrank liegen – oder nur dann, wenn ich sie trage und mich damit zeige? Gebe ich einen Teil von mir weg, wenn ich mich von den Shirts trenne, die ich früher hundertmal anhatte und die sich immer noch so vertraut anfühlen? Natürlich nicht! Sie sind alt, vergilbt oder verwaschen und haben ihre Aufgabe erfüllt. Sie haben ja nicht einmal eine besondere Farbe, und niemandem würde auffallen, dass etwas an oder von mir fehlt. Ich hätte lediglich leerere Schubladen und würde meine neuen, wirklich rein weißen Shirts nicht mehr auf den Haufen der alten legen und die Schublade so zuquetschen müssen. Es ist also alles ganz einfach: Ich muss nur die obere Schicht anheben, den vergilbteren Haufen darunter herausnehmen, den oberen Teil zurücklegen und den unteren im Müll entsorgen. Ich könnte auch einige Exemplare aufheben, in Streifen schneiden und in den Schuhputzkarton legen, wie es meine Mutter früher gemacht hat. Aber dann würden diese Streifen unweigerlich den Kindern kurz vor Nikolaus in die Hände fallen, und sie würden vielleicht fragen, was das für Fetzen sind – und wenn dann herauskommt, dass ich die Streifen aus meinen Shirts geschnitten habe, dann weiß ich nicht, wie ich erklären soll, warum ich so vergilbte Dinger in meiner Schublade hatte. Mach' ich also nicht. Dass ich sie weder bei eBay noch im Secondhandladen anbieten kann, ist auch mir als Laie klar. Alternativ bliebe noch die Altkleidersammlung, wobei anzunehmen ist, dass dort auch nur einigermaßen erhaltene Stücke angenommen werden – und dazu gehören die 15 Jahre alten Leibchen sicher nicht. Obwohl sie mir eigentlich noch gut genug erscheinen und ich sie immer gerne angezogen habe – deshalb habe ich ja auch so viele davon. Jedes Mal, wenn ich also schon den unteren Stapel in der Hand hatte, kam mir dann doch der Gedanke, dass sie eigentlich aus Platzgründen gar nicht wegmüssten, denn ohne sie wären die oberen Shirts auch in der Schublade, nur eben etwas weiter unten, und darüber befände sich dann einfach mehr Luft. Es bliebe also ein ungenutzter Raum, da ich ja nicht vorhabe, neue zu kaufen. Und sollte ich einmal kein Geld verdienen, würde ich mich vielleicht eines Tages freuen, noch den unteren Teil des Stapels und damit – auch in der Not – genug zum Anziehen zu haben. Oder als Malerhemd, wenn wir umziehen sollten und ich streichen will. (Wobei dann eigentlich auch ein Shirt reicht.) Während ich also eigentlich ziemlich sicher bin, dass die vergilbten und verwaschenen Exemplare weg können, schießen mir zig Gedanken durch den Kopf, die mich davon abhalten, den letzten Schritt zu gehen. Und da wird es eben dann doch philosophisch. Warum trenne ich mich nicht selbstverständlich von Dingen, die ich offensichtlich nicht mehr brauche? Was macht mein 25 Jahre altes Nummernschild aus München im Keller meiner Eltern in Hannover? Wann spiele ich die selbstaufgenommenen TDK-Cassetten jemals wieder ab? Und vor allem womit? Was macht meine komplette Motorradausrüstung noch in einer Kiste auf dem Kleiderschrank? Habe ich vielleicht einfach nur Angst, die Dinge wegzugeben, weil das den endgültigen Abschied von einem vergangenen Teil meines Lebens besiegeln würde? Brauche ich die materiellen Erinnerungsstücke, um alte Zeiten und damit verbundene Erlebnisse festzuhalten? Führen sie mir – und anderen – vor, wer ich war und wie ich zu dem geworden bin, der ich heute glaube zu sein? Sicher tun sie das auf ihre Art, aber seit mein geliebtes Auto vor einigen Jahren gestohlen wurde, ist mir klar, dass ich mich durchaus mit materiellen Dingen identifizieren kann, aber nicht im Geringsten von ihnen abhängig bin oder mich gar über sie definiere.

Es ist mir vollkommen klar, dass Aufräumen und Ausmisten letztlich befreit und glücklich macht. Trotzdem ist der Weg voller Hindernisse …

Die größten mentalen Hürden:

1. Ziehe ich bestimmt irgendwann noch mal an!
2. Das war doch ein Geschenk!
3. Da hängen so viele Erinnerungen dran!
4. Kann ich bestimmt irgendwann mal wieder gebrauchen!
5. Hebe ich erst mal auf und verkaufe es eines Tages auf dem Flohmarkt.
6. Das war mal richtig teuer!
7. Das ist vielleicht noch was wert.

Ich habe mir vor vielen Jahren einen Mantel gekauft, den ich (inzwischen muss ich sagen: leider) so gut wie nie getragen habe, weil ich immer dachte, den zieh' ich nur zu besonderen Anlässen an. Hab' ich aber nicht. Heute ist er angeblich aus der Mode, und ich denke trotzdem immer noch, dass ich ihn eines Tages wieder anziehen werde. Was aber Quatsch ist, allein weil meine Frau ihn alt findet. Wenn es nach ihr ginge, hätte ich ihn schon längst aussortiert und wenigstens noch etwas Geld dafür bekommen; doch da ich nur auf die rund fünftausend Handtaschen im Regal daneben zu deuten brauche, ist es leicht, die Diskussion zu beenden. Vielleicht trenne ich mich auch von den alten Pokalen zweiter und dritter Plätze im Skifahren, Tennis und Volleyball, nicht weil die Trennung von etwas einst emotional Bedeutsamem mir auf dem Weg zur Mülltonne die eigene Endlichkeit unverblümt bewusst macht. Ich habe hart trainiert, mit Liebe und Leidenschaft gekämpft, Schweiß vergossen, und manchmal wurde ich belohnt – mit einem sinnlosen, hässlichen Topf mit überdimensionierten Griffen (zum Wegwerfen?), was mir damals viel bedeutete. Doch ich spiele seit 30 Jahren weder Tennis noch Volleyball, und die Trophäen liegen vergraben am Boden einer Bücherkiste. Keines der Kinder will sie haben (wozu auch?), und ich habe es bisher noch nicht übers Herz gebracht, sie loszuwerden. Doch die Zeit des Abwägens und Aufschiebens ist vorbei, heute habe ich mich entschlossen! Übrigens ein ganz erstaunlicher Vorgang. Selbst wenn wir schon Ewigkeiten vorhaben, etwas auszumisten, schieben wir es immer wieder vor uns her. Doch glücklicherweise kommt der Tag, an dem irgendwie irgendein Schalter ins uns umgelegt wird und wir einfach loslegen. Es gibt allerdings Menschen, denen dieser Schalter fehlt: Selbsthilfegruppen schätzen die Zahl der Messies in Deutschland auf ca. zwei Millionen. Doch da ich nicht dazugehöre, sondern gerade aktiviert wurde, marschiere ich schnurstracks an meinen Kleiderschrank, ziehe die Schublade auf, greife hinein und packe den unteren Teil des T-Shirt-Stapels in einen Müllsack, wodurch sich augenblicklich und feuerwerksgleich eine Kettenreaktion in Gang setzt. Es schießt mir durch den Kopf, dass ich heute anfange, wirklich Tabula rasa zu machen. Ich will wegwerfen, was für mich, wenn ich ganz ehrlich bin, in meinem jetzigen Leben und in meinem Alter einfach keine Bedeutung mehr hat. Nach dem Kleiderschrank kommen Kommoden, Truhen, Kisten und dann endlich das ganze Badezimmer: abgelaufene Sonnencremes, kaputter Rasierer, Handtuch mit Loch und Pröbchen, die kein Mensch braucht. Ich werde mich durch die ganze Bude pflügen und kann die neue Klarheit kaum erwarten.

Ich will mich frei machen von allem, was ich nur aus Gewohnheit mit mir herumschleppe, was ich nur aus Bequemlichkeit nicht entsorge oder bei dem ich mich frage, ob es eines Tages wertvoll sein könnte. Doch heute hat es für mich keinen Wert, und ich bin auch nicht jemand, der in allem eine mögliche Geldanlage sieht. Klar, man kann zig Dinge aufbewahren und darauf hoffen, sie eines Tages gewinnbringend zu verkaufen. Vielleicht haben meine alten Fotozeitschriften, Lederjacken und Sonnenbrillen irgendwann einen antiquarischen Sammlerwert. Aber will ich sie so lange im Schrank haben? Nein. Ganz im Gegenteil: Ich will mir klar darüber werden, was ich überhaupt brauche und was mich glücklich macht, wenn ich es besitze oder um mich habe. Mir fallen plötzlich tausend Dinge ein, die ich nur aufgehoben habe, weil es mir anderen gegenüber peinlich gewesen wäre, sie wegzugeben. Ich hatte sie geschenkt bekommen und mich gefreut, es war eine liebe Geste und auch nett ausgesucht, doch tatsächlich stehen sie nur rum, liegen in einer Schublade, werden von links nach rechts geschoben und waren eigentlich immer nur im Weg. Jedes einzelne Teil hat seine Aufgabe als Geschenk erfüllt. (Ich habe mich über die Geste im Augenblick der Übergabe wirklich gefreut, und der Schenkende war glücklich, dass sein Präsent gut ankam.) Mehr ist nicht zu erwarten, und es ist mein Recht, es heute zu entsorgen.

So durchkämme ich also Schrank für Schrank, Zimmer

für Zimmer, ich beschrifte Kartons, sammele und stapele, immer mehr Säcke stehen vor der Tür, und ich frage mich: Warum erst jetzt?

Es ist kein Geheimnis, dass Aufräumen und Ausmisten auch immer bedeutet, sich nicht nur im Durcheinander einer Schreibtischschublade, sondern auch im wirklichen Leben für oder gegen etwas zu entscheiden. Früher fühlte sich das zwar auch ganz gut an, doch es hatte noch nicht die Bedeutung wie heute. Inzwischen habe ich das Gefühl, dass Aufräumen entscheidend dazu beiträgt, mich ganz bewusst zu fokussieren. Je älter ich werde, desto klarer wird mir, was ich möchte, welche Fähigkeiten ich wirklich habe (und lange brach liegen ließ) und wie viele Seitenwege ich gegangen bin, die mich heute nicht mehr interessieren. Wenn ich mich jetzt entscheide, die lästigen Staubfänger und den nostalgisch verklärten Krimskrams endgültig zu entsorgen, dann ist es ein längst überfälliger Schritt, der mir ganz offensichtlich hilft, alten Ballast abzuwerfen. Auf dem Weg zur Mülltonne fühle ich eine Trauer, einen Abschied von etwas, das zu meinem Leben gehörte, obwohl ich es schon lange nicht mehr brauchte. Eines Tages werden all meine Klamotten möglicherweise ohnehin im Müll landen. Das weiß ich. Eines Tages werden alle Dinge, die ich jetzt besitze, alles Materielle (welches wahrscheinlich ausschließlich für mich eine emotionale Bedeutung hatte), einfach all mein Hab und Gut, vererbt, verteilt und entsorgt. Und auch ich werde dann nicht mehr sein. Das ist alles sehr traurig.

Und wo wir gerade dabei sind, solch schreckliche Gedanken zuzulassen, vielleicht sollten wir ja schon allein aus Verantwortung gegenüber zukünftig Hinterbliebenen so fair sein, alles, wirklich alles zu entsorgen, was wir nicht dringend brauchen. Damit es nicht eines Tages sie machen müssen – und auf uns schimpfen, was für einen Mist wir angesammelt haben. Ja, die untere Hälfte eines T-Shirt-Berges kann einem schon Tränen in die Augen treiben, zumindest wenn man sich bis dahin noch nie Gedanken über die Endlichkeit gemacht hat. Sie kann aber auch Ansporn sein, meinem stetig wachsenden Gefühl nach Vereinfachung und Fokussierung auf das für mich Wesentliche zu folgen und in meinem Leben aufzuräumen.

Ich möchte mich nicht mehr um Dinge kümmern müssen, die ich nur versprochen habe, weil ich nicht »Nein« sagen mochte. Ich muss nicht mehr nach den coolsten Cafe-Racer-Modellen googeln (weil ich vollkommen aus der Übung bin und als Familienvater sowieso nicht mehr Motorrad fahren werde), und ich muss auch nicht mehr auf einer Party rumstehen und Smalltalk über mich ergehen lassen, wenn ich eigentlich viel lieber zu Hause ein Buch lesen würde. Ich bin in der Lage, Dinge zu beenden, die mich belasten (oder sogar unglücklich machen), und mir dadurch Raum und Zeit zu schaffen für das, was mir in der zweiten Hälfte meines Lebens wirklich wichtig ist.

Aber jetzt fangen wir erst mal mit Ihren Klamotten an. (Der Rest kommt dann von ganz alleine.)

Werfen Sie all Ihre Hemden, Hosen, Socken, Sakkos, Pullover, einfach Ihre komplette Garderobe auf einen Haufen und nehmen Sie jedes Teil, Stück für Stück, in die Hand.

Macht Ihnen der Pullover, die Hose oder das Hemd noch wirklich Freude? Ziehen Sie es gerne an, und fühlen sich wohl darin?

Ja? Dann behalten. Nein? Dann einfach weg damit!

Alles, was Löcher hat oder zu klein ist: weg!

Machen Sie das unbedingt alleine! Der Partner, die Partnerin, eine Freundin, der beste Kumpel – die stören nur. Es geht darum, was Sie gut oder schlecht finden! Sie können aber auch gerne bei jedem Teil einen Stuhlkreis bilden ...

Tipp:
Es gibt zig Sendungen auf diversen Plattformen, in denen Aufräumexperten erklären, wie man am effektivsten für Ordnung sorgt. Nicht nur im Kleiderschrank.

ABHAUEN?

Sie lieben Ihre Frau oder Ihren Mann, Sie haben Kinder oder nicht, möglicherweise sogar einen Hund und ein, zwei Autos, eine schöne Wohnung, vielleicht sogar ein Haus, ein Boot und ein Pferd, und Sie verdienen genug, um sich all das leisten zu können? Und trotzdem haben Sie das Gefühl, dass dieser wunderbare Zustand doch noch nicht alles sein kann. Obwohl Sie eigentlich alles erreicht haben, was Sie sich damals nach der Schule so vorgestellt oder gewünscht haben, sind Sie nicht zufrieden oder glücklich genug, um diesen Status quo als das Ende der Entwicklung und ewig so fortzuführendes Ideal zu empfinden. Irgendwas fehlt. Irgendwo muss doch da noch etwas sein, und irgendwie trauen Sie sich gar nicht, weiter in sich hineinzuhören.

Warum eigentlich nicht? Aus Angst festzustellen, dass Sie gar nicht Ihr Leben leben, sondern das eines anderen, der Sie eigentlich gar nicht sind? Fürchten Sie sich vor dem Gedanken, ein falsches Ziel erreicht zu haben, und können es weder sich noch Ihrem Partner gegenüber zugeben? Sie schlagen sich den ganzen Tag mit Bilanzen und Arschlöchern in maßgeschneiderten Anzügen rum, würden aber viel lieber Schränke, Betten und Tische bauen?

Oder sind Sie immer noch der einsame Wolf, der als letzter am Bar-Tresen lehnt und guckt, was noch geht … Haben

Sie den Absprung verpasst, weil Sie zu cool waren, sich einzugestehen, dass Sie viel lieber eine Frau und Kinder hätten? Baumhäuser bauen und Stockbrot grillen? Oder juckeln Sie den ganzen Tag im Multivan die Kinder durch die Gegend und träumen dabei von der ganz großen Freiheit: Sexuelle Abenteuer, Junggesellenbude und keine Verpflichtungen? Keine Sorge, da sind Sie nicht alleine, so geht es vielen Menschen.

Als eine Autorin für ein Buch Menschen kurz vor deren Tod befragte, was sie rückblickend bereuen, haben angeblich erschreckend viele geantwortet, sie hätten verpasst, ihr eigenes Leben zu leben. Das ist natürlich kacke – um es mal ganz klar zu sagen. Da läuft ja anscheinend etwas schief in unserer Gesellschaft, wenn sie uns dazu bringt, mehr Wert auf das Befriedigen der Bedürfnisse anderer zu legen als dafür Sorge zu tragen, dass wir selber glücklich sind. Vielleicht ist es ja noch viel blöder: nämlich, dass wir uns einfach gar nicht genug mit unseren eigenen Bedürfnissen beschäftigen. Wir kümmern uns nicht zu viel um andere, sondern zu wenig um uns selbst, hören nicht auf unser Innerstes und schwimmen einfach immer mit, um möglichst wenig Reibung zu erzeugen: Der Wunsch nach beruflicher Veränderung wird unterdrückt, um der Familie stete Sicherheit zu bieten. Ein Haus wird gebaut, obwohl die Ratenzahlungen Reisen unmöglich machen. Man entfremdet sich von Freunden, weil der Partner sie nicht mag, lebt in der Stadt, weil die Kinder nicht aufs Land wollen, und so weiter und so fort.

Offenbar wären die Befragten am Ende ihrer Reise glücklicher oder hätten nicht das Gefühl, etwas verpasst zu haben, wenn sie das Ruder rechtzeitig herumgerissen hätten. »Egoismus«, ist das erste Wort, das mir durch den Kopf schießt: es wäre doch purer Egoismus, wenn wir so denken würden und »Erst ich« zur Maxime erklärten. Aber ich glaube, das ist Quatsch. Zumindest in folgendem Experiment:

Stellen wir uns vor, alle glücklichen, zufriedenen Menschen, also jene, die wirklich das tun, was sie wollen, und nicht aus Gewohnheit einem Trott folgen oder jeden Konflikt meiden, wären blau gefärbt. Und alle, die spüren, ihnen fehlt was, und auf die Frage »Wie geht's?« mit »Ich kann nicht klagen« oder »Muss ja« antworten, wären rot gefärbt. (Natürlich gäbe es dann auch einige in Lila – aber die vernachlässigen wir jetzt.) Haben Sie das Bild? Alle Menschen rot oder blau. Dann stellen Sie sich bitte vor, Sie möchten heiraten – sprich: Sie suchen jemanden, mit dem sie erst die Flitterwochen im Bett und dann ihr ganzes Leben verbringen wollen – in welcher Farbgruppe würden Sie suchen? Da alle eine oder einen Blauen wollen, wären die Roten überflüssig, einfach weil sie ja weder selber glücklich sind noch ein anderer Mensch mit ihnen das gemeinsame Glück suchen möchte.

Klar, das ist jetzt sehr überspitzt ausgedrückt, aber es macht deutlich, wie wichtig es ist, erst einmal auf sich selber zu achten, um dann anderen etwas geben zu können.

»Erst ich« bedeutet ja hier nichts anderes als »Erst wenn

es mir gutgeht und ich glücklich bin, kann ich dafür sorgen, dass es anderen gutgeht, und sie dadurch auch glücklich machen.« Das ist Egoismus in seiner schönsten Form.

Im Prinzip ist es wie im Flieger, wo wir immer aufgefordert werden, im unwahrscheinlichen Fall eines Druckverlustes erst uns selbst eine gelbe Sauerstoffmaske über Mund und Nase zu ziehen, bevor wir anderen helfen, eine solche aufzusetzen.

Das haben wir alle schon x-mal gehört, und es ist ja auch total logisch: Wer ohnmächtig ist, kann anderen schlecht helfen. Und da im Flieger ja auch für jeden Passagier eine Maske von der Decke fällt, nehme ich niemandem etwas weg, wenn ich eine davon mit einem kräftigen Ruck zu mir herunterziehe, um den Sauerstofffluss zu starten. Ganz im Gegenteil, man kann es sogar positiv sehen: Ich lasse mich nicht hängen und warte schlapp im Sitz, bis mir jemand hilft, sondern sauge mich mit Sauerstoff voll, um Kraft für mich und dadurch auch für andere zu haben.

Wenn wir diesen Gedanken aus der Kabine mitnehmen und auf unser echtes Leben am Boden übertragen, wird schnell deutlich, dass wir hier nicht nur Druckabfall zu befürchten haben. Es sind unendlich viele Szenarien zu befürchten, welche uns von der Route abbringen, einen plötzlichen Sinkflug einleiten oder gar ein Umkehren zum Startplatz unvermeidlich erscheinen lassen. Wie oft entwickelt sich etwas vollkommen anders als geplant, und wir werden mit schwierigen und unerwarteten Situationen konfrontiert!

Und wie wichtig ist es da, nicht ein hilfloses Fähnchen im Wind zu sein, in kraftloser Panik kurzsichtige Entscheidungen zu treffen, sondern erst einmal zu wissen, wer man selber ist, was man will und wie man leben möchte.

Gegen Gefühle sind wir alle nicht gefeit, und sie zu bekämpfen ist meist ein armseliges Unterfangen. Sie zu ergründen und den Kopf klar zu bekommen ist aber sicher die Grundvoraussetzung, um überhaupt zu verstehen, warum ich plötzlich – oder schleichend, ohne die Zeichen zu Beginn deuten zu können – eine Enge spüre, mir die Decke auf den Kopf fällt oder mir sonst wie klarwird, dass mein Leben in eine Sackgasse geführt hat.

Und dann? Wir alle kennen diese Sackgassen-Problematik nicht nur aus dem Straßenverkehr. Plötzlich findet man sich in einer mehr oder weniger beschissenen Situation wieder und hat erst mal keine Ahnung, wie es weitergehen soll oder ob man da überhaupt wieder raus kommt.

Wenn ich mit meiner Familie in den Urlaub fahre, kennen wir das Ziel. Das Hotel haben wir gemeinsam ausgesucht, ich habe mich über den ADAC-Stauwarner informiert, wann ich am besten losfahre und welche Baustellen ich wie umfahre; wir haben die Kinder frühmorgens geweckt, und ich habe – während dann alle irgendwann im Auto wieder schlafen – schon einen Großteil der Strecke gemütlich zurückgelegt. Doch sobald die Kinder wach sind, wird es etwas quengelig, wir machen Stopps und essen etwas, der Hund muss mal sein Beinchen heben, und die Strecke erscheint mir länger, als ich dachte. Doch auch diese Fahrt hat ein Ende, und irgendwann steigen wir aus. Nach der langen Reise endlich angekommen, stellen wir fest: Das sah im Katalog ganz anders aus. Hätte ich das gewusst, wäre ich doch nie hergekommen! Ich bin nicht falsch gefahren, die Adresse stimmt. Aber es ist eine komplette Baustelle. Die Kinder haben Hunger und müssen aufs Klo, meine Frau hat Kopfschmerzen, im Pool ist kein Wasser, der Strand liegt hinter einer Schnellstraße, und ich kann die Rezeption nicht finden. Und plötzlich fühle ich mich wie die kleine Kugel in dem alten Geduldspiel, wenn man sie durch das Labyrinth bis in den Kreis in der Mitte bugsiert hat: gefangen.

Und jetzt stellen Sie sich mal vor, es geht nicht nur um einen verkorksten Urlaub, ein schlechtes Hotel oder sonst eine Lappalie, sondern um ALLES, das große Ganze – Ihr ganzes Leben.

Jeder von uns hatte Ziele und Wünsche, und was immer wir in den letzten 20 Jahren unternommen haben, diese zu erreichen, hat uns in die Situation gebracht, in der wir jetzt leben. Auf dem Weg haben wir sicher alle nach bestem Wissen gehandelt, uns mit vielem arrangiert und Kompromisse in Kauf genommen. Von daher alles gut, wir haben es freiwillig und gern gemacht, doch im Laufe der Jahre hat unser fortschreitendes Alter eine Art Eigenleben entwickelt und spielt nun seine eigene Rolle. Manchmal mit uns, manchmal gegen uns – und es hat erschreckenderweise die Regie übernommen. Weil die Optionen immer knapper werden, diktiert es uns, wohin wir schauen und wie wir uns, die Welt und vor allem die Zeit wahrnehmen. Wir ha-

159

ben nicht mehr alle Pfeile im Köcher und müssen sehr viel genauer überlegen, welchen wir wofür nutzen. Neue Wege werden mit jedem Tag riskanter, weil wir mehr aufgeben als je zuvor, ohne zu wissen, ob wir überhaupt noch mal so weit kommen.

Wer sich bis dato der (eigenen) Endlichkeit nicht bewusst war, hat nun keine Wahl mehr. Er muss sie erkennen und akzeptieren. (Oder kiffen. Ich glaube manchmal, das wäre ein guter Weg, doch irgendwie fehlen mir die Gelegenheiten, bei denen mir – wie früher – plötzlich so ein dünnes Ding in die Hand gedrückt wurde.) Es scheint eine Uhr zu ticken, die uns irgendwann einen Perspektivwechsel nahelegt. Mit 20 denkt niemand an einen Neuanfang. Wäre auch Quatsch, da ist alles neu und die Zukunft ein unendliches Spielfeld, welches ich mir untertan mache. Der Gedanke »Eines Tages werde ich dieses oder jenes sein oder machen« kann tausendmal gedacht, verworfen und geändert werden. Die Zukunft ist scheinbar grenzenlos, die Wege sind unbeschritten, und Zeit spielt keine Rolle. Doch wenn die 60 einem näher ist als die 20, bin ich weniger ein Wölkchen im Winde, mal hier, mal da oder einfach weg, als vielmehr der Fels in der Brandung, der den Kredit abzahlt und die Verantwortung trägt. Die Uhr tickt unüberhörbar und drängt mich, wenigstens einmal zu hinterfragen, ob ich der bin, der ich sein wollte, und so bleiben will oder jetzt, kurz vor Torschluss lieber eine Hundertachtziggradwendung mache, um nicht eines Tages zu denen zu gehören, die eigentlich ihr Leben verpasst haben.

Okay, okay – hier müssen wir kurz innehalten und einen kleinen Schritt zurücktreten. Dieses Kapitel handelt von dem Gedankenspiel des Neuanfangs, und ich hoffe sehr, dass es Ihnen geht wie mir: Ich erwische mich bei dem Gedanken, theoretisch auch in diese Richtung denken zu können, allerdings immer nur in dem Augenblick, wenn ich zufällig einen Menschen treffe, der sein Leben tatsächlich komplett neu begonnen hat. Manchmal schmeißen Menschen ja alles hin und fangen von vorne an. Oft bereuen sie es hinterher, weil man doch meist wieder an den gleichen Punkt kommt und dann konsequenterweise wieder alles hinschmeißen müsste, aber eigentlich gar nicht möchte, weil man inzwischen weiß, es bringt mich nicht wirklich ans Ziel. (Und das wäre ja dann auch kein Neuanfang, sondern eine dauernde Flucht …)

Aber manchmal gelingt es jemandem, sich neu zu erfinden, endlich das zu tun, was er immer wollte. Er oder sie ist (auch für alle Welt deutlich sichtbar) glücklich geworden, und es scheint der einzig richtige Schritt gewesen zu sein. Meistens ist dabei aber ein anderer auf der Strecke geblieben, es sei denn, der Aussteiger hatte niemanden, der unter dem Ausstieg zu leiden hatte. Wobei ich dann nicht wüsste, woraus der Aussteiger ausgestiegen sein sollte …

Genug innegehalten – ich wollte nur kurz klarstellen, dass ich nicht davon ausgehe, unser aller Leben sei so schrecklich, dass wir nur die Flucht nach vorne suchen.

Daher bleibt der radikale, tatsächlich vollzogene Neuanfang doch eher die Seltenheit. Aber das Gefühl haben sicher

161

die meisten von uns schon mal gehabt. Also bleiben wir mal beim Gedankenspiel: Ich kenne viele Menschen, die würden viel lieber da wohnen, wo immer die Sonne scheint. Das tut sie bei uns viel zu selten, und das graue Wetter lässt oft den Alltag noch trüber erscheinen und verleitet uns dazu, im Licht das Glück zu vermuten. Doch Studien haben ergeben, dass das durchschnittliche Zufriedenheitsgefühl bei den Skandinaviern höher ist als bei uns. Dabei leben die fast komplett im Dunkeln. Palmen und Sonne allein machen demzufolge auf Dauer offenbar auch nicht glücklich – und selbst wenn wir für diesen Traum eines Tages die Koffer packen und ein Sauerkrautrestaurant im Süden eröffnen, dann stehen wir auch da irgendwann im Stau, haben Rechnungen im Briefkasten, und der Wasserhahn tropft. Man müsste also sehr radikal sein und – um all diese Alltagsfallen auszuschalten – nur noch mit einem Stock in der Hand sein Sushi aus dem Fluss fangen. Einfach der ganzen zivilisierten Welt den Rücken kehren. Das machen ja auch manche. Und wenn sie dabei keine Kinder zurücklassen oder sonstige Familienmitglieder ins Unglück stürzen, ist es sicher auch ein hammer Weg. Sie werden von vielen beneidet, die nicht den Mut (oder zu wenig Leidensdruck) hatten, einen solchen Schritt zu tun. Oder es einfach nicht wollen, weil sie gerne ab und zu mal ins Theater gehen. Es ist ja auch verdammt gemütlich in der Wohnung, mit Lieferando, dreizehntem Monatsgehalt, Bingewatching und der eingeschliffenen Routine.

Aber es gibt ja vielleicht noch eine Lösung zwischen aben-

teuerlichem Totalausstieg und sterbenslangweiliger Dauer-
komfortzone …

Gehen wir jetzt einmal davon aus, Ihnen sei klar, warum
Sie sich in Ihrer persönlichen Situation in der (vermeintlichen) Mitte Ihres Lebens unwohl fühlen, und Sie hätten
sich entschieden, einen – wie auch immer gearteten – Schritt
zu gehen, um eine Veränderung herbeizuführen. Auch wenn
der Gedanke, sein Leben noch einmal neu zu beginnen, der
gleiche bleibt, sind doch die wenigsten gleich radikal. Sie
denken vorerst über einen »Neuanfang light« nach. Also
keine Weltumsegelung, sondern nur ein kleines Bötchen
auf dem Wannsee … Wir erinnern uns also noch mal an
die Sauerstoffmaske aus dem Flieger und möchten endlich
(mit gutem Gewissen!) auch mal etwas nur für uns tun. Weil
es uns guttut und wir in der Familie, im Alltag oft zu kurz
gekommen sind. Natürlich haben wir es immer gerne getan, wir lieben alle um uns herum, aber wir kommen dabei
gelegentlich unter die Räder. Weil der Tag nur lächerliche
24 Stunden hat und wir uns so lange müdegekümmert haben, bis wir in unserer freien Stunde am Abend nur noch
stumpf vor dem Fernseher sitzen können. Viele von uns haben im Alltagsstress erst sich und dann den Partner aus den
Augen verloren. Abgesehen von dem kurzen Stopp, um die
Einkaufstüten, ein Kind oder die Autoschlüssel zu übergeben. Dementsprechend gibt es wenig Interesse an Zweisamkeit, da die Energie ja nicht einmal ausreicht, um ein Buch
zu lesen. So haben Sie sich so weit auseinanderdividiert, dass
nur ein »Reset« Heilung verspricht. Aber wie kann ich etwas

»zurücksetzen« oder neu beginnen, um selber glücklich zu werden, ohne die Menschen um mich herum dadurch unglücklich zu machen?

Es ist doch bewundernswert, wenn man eben nicht einfach alles hinschmeißt, sondern mit seinen liebsten Menschen einen neuen Weg findet, der gemeinsam beschritten und so zur glücklichen Zukunft für alle wird.

Wie kann ich mich also selber neu erfinden? Ohne Kollateralschäden? Vor allem: Was würde ich denn anders haben wollen? Weniger Bindung? Weniger Verantwortung? Mehr Freiheit? Weniger Familie? Mehr Party? Wäre ich lieber ein ganz anderer, der sich ganz anders fühlt, bewegt, darstellt? Habe ich bis hierher alles falsch gemacht? Wie groß sind die Schrauben, an denen ich drehen muss, um voraussichtlich glücklicher zu werden? Was finde ich am schlimmsten in meiner jetzigen Situation, und was wäre mein größter Traum? Welche Bedürfnisse bleiben derzeit unbefriedigt, und woran liegt das? Fast alles lässt sich irgendwie verändern, die Frage ist immer, über wie viele Leichen muss ich steigen, um dieses Ziel zu erreichen? Kann ich den Weg gehen, ohne die Menschen um mich herum zu vernachlässigen oder gar zu verletzen? (Ehrlich gesagt: Ich fürchte nein. Keiner kann durchs Leben gehen, ohne andere zu enttäuschen oder zu vernachlässigen. Es ist wohl unvermeidlich, auch wenn man es mit aller Kraft versucht.) Aber man kann seine Bedürfnisse kommunizieren, das reduziert Verletzung. Wenn ich den blöden Tanzkurs, der mich schon seit zehn Jahren abtörnt, streichen will, dann muss ich das auch mal deutlich sagen. Man darf sich nicht darauf verlassen, dass alle Partner Gedanken lesen können. Und warum soll nicht der eine tanzen und der andere Squash spielen? Auch Kinder können lernen, dass Eltern Bedürfnisse haben, ein Recht auf ein eigenes Leben und Privatsphäre. Davon könnten sie später in ihren Beziehungen sogar profitieren. Und wenn ich mal eine Stunde Ruhe brauche, dann sollte ich es ankündigen und sie mir nehmen. Sonst fliegt einem eines Tages alles um die Ohren, nur weil man niemals das für sich getan hat, was man braucht, um wieder in der Gemeinschaft zu funktionieren.

Wenn Sie also kurz davor sind, Hals über Kopf in den nächsten Flieger zu steigen, hier ein paar Tipps:

- Machen Sie hin und wieder eine Bestandsaufnahme, ehrlich und schonungslos: Wie geht es mir, was fehlt mir? Was wünsche ich mir, welche Träume, Sehnsüchte habe ich, was frustriert mich?
- Denken Sie die Dinge zu Ende: Hütte in der Südsee: toll, aber gibt es einen Orthopäden, der mir irgendwann die Bandscheibe richtet, eine Apotheke, wo ich meine Schmerzmittel kaufen kann? Oder sind Sie tatsächlich so tollkühn, dass Ihnen das alles egal ist?
- Kommunizieren Sie! Reden Sie darüber mit Ihren Liebsten!
- Wenn Sie nicht mehr zum Tanzkurs gehen wollen, heißt das nicht, dass Sie Ihre Frau doof finden – sondern nur den Tanzkurs! Es soll schon Paare gegeben haben, die jahrzehntelang den gleichen Traum hatten –

und nie davon erfuhren. Da liegen ungeahnte Möglichkeiten ...

- Machen Sie kleine, realistische Schritte: Wannsee statt Atlantik ...
- Manchmal ist es die eine kleine Schraube, die das ganze Räderwerk neu zum Schwingen bringt!

KLASSENTREFFEN

Es gibt wahrscheinlich genauso viele Gründe dafür wie dagegen. Die einen gehen zu jedem Klassentreffen, die anderen zu keinem, manche waren einmal da und dann nie wieder, andere gehen erst später und bereuen es dann, nicht schon beim ersten Mal dabei gewesen zu sein.

Klassentreffen – schon der Begriff klingt anachronistisch. Eben *old school*. Denn heute tauscht man sich täglich in sozialen Netzwerken wie *Facebook* und *Instagram* über sein Leben aus.

Doch das Relikt aus uralten Zeiten hat überlebt.

Warum eigentlich? Wir können, wann immer wir wollen, Kontakt zu unseren Schulfreunden aufnehmen, Fotos von unserer Frau, den Kindern und dem neuen Auto posten. Wir können erfahren, wer wann wo mit wem im Urlaub war.

Und doch pilgern Jahr für Jahr Tausende in ihre alte Heimat (oder nur drei Straßen weiter), um die Menschen von früher wiederzusehen. Die Organisatoren scheuen keine Mühen, jeden Einzelnen wiederzufinden, früher telefonierten sie die alten Festnetznummern der Eltern ab, heute machen das Facebook oder spezielle »Ich-weiß-was-du-früher-gemacht-hast«-Suchmaschinen, und so flattert jedem Menschen, der jemals eine Lehranstalt besucht hat, eines Tages eine entsprechende Einladung ins Haus.

Manche finden nach einem Jahr statt, die anderen nach 50; es werden Menschen von überallher zusammengetrommelt, die einen haben lediglich zwölf Monate gemeinsam auf der Berufsschule verbracht, die anderen von der Einschulung bis zum Abi nebeneinandergesessen. Es gibt sehr lustige und sehr traurige Wiedersehen, es gibt welche mit vielen und mit wenigen Teilnehmern, mit Lehrern und ohne, in der alten Schule oder im Restaurant, mit oder ohne Rahmenprogramm. Mit Namensschildern oder Videoshows, mit Anhang oder alleine. Es gibt alles. Und vor allem gibt es irrsinnig viel darüber zu lesen, im Netz, in Büchern, in Blogs, und es gibt Filme, die sich des Themas annehmen.

Ist ja auch kein Wunder, schließlich war das wohl mit die prägendste und emotional aufwühlendste Zeit unseres Lebens. Die erste große Liebe verlässt die meisten nur im wahren Leben, im Traum wird kaum einer sie wirklich los, und so geistert die halbe Klasse noch Jahrzehnte mit uns durch manche Nacht. Natürlich ist es spannend, was aus den anderen so geworden ist. Futter für den Tratsch der alten Clique, die zusammen im Ort hängengeblieben ist, während andere um die ganze Welt gezogen sind. Für manchen bietet sich die Chance, das Bild zu korrigieren, welches einem die ganze Schulzeit übergestülpt wurde. Im besten Fall kann ich auf dem Klassentreffen die Bestätigung bekommen, die mir als Kind verwehrt wurde, ich kann endlich auch offiziell der Mensch werden, dessen Identität mir früher verweigert wurde, weil mir die Klasse eine andere Rolle zugeteilt hatte.

Und damit ist schon klar, dass sich die ehemaligen Klassenkameraden in mindestens zwei Gruppen einteilen lassen: Die, die mit sich und ihrem Leben zufrieden sind und sich vollkommen unvoreingenommen freuen, die alten Kumpel wiederzusehen. Und die, die sich nicht wohl in ihrer Haut fühlen und besonders bei dieser Gelegenheit glauben, etwas beweisen zu müssen. Da kann das Wiedersehen schnell zum Spießrutenlauf werden, denn meine alten Schulfreunde haben alle nur erdenklichen Hintergrundinfos: Von meiner ersten Brille bis zur 6 in Mathe, sie haben weder meine braune Cordhose noch die angehäkelten Bündchen vergessen und wissen, dass schon mein Vater mit 40 eine Glatze hatte und mein Wuschelkopf also nur transplantiert sein kann. Treffe ich echte Menschen aus meiner Kindheit, schwingen derart viele erlebte Momente, Gerüche, Töne und Emotionen mit, dass die Gegenwart immer die Vergangenheit mit einbezieht. Wir kennen uns eben wirklich. Und das kann einem schon etwas unheimlich werden, sind wir doch inzwischen eigentlich nur noch von Menschen umgeben, die einen nicht so lange kennen. Oder eben meist nur die Schokoladenseiten.

Und daher stellen sich Jahr für Jahr Menschen die Frage: Gehe ich hin oder nicht? (Bis auf die, denen eh klar ist, dass sie hingehen, sowie diejenigen, die auf keinen Fall hingehen und diese Entscheidung auch nicht mehr in Frage stellen wollen.)

Beim Klassentreffen muss man Farbe bekennen. Habe ich nur tolle *happy family*-Bilder gepostet und ständig meine Sonnenseite gezeigt, so bin ich hier inmitten meiner alten

Kameraden mehr oder weniger nackt. Die anderen allerdings auch …

Es ist schlagartig wieder 1980, und du hast Clearasil in der Schultasche. Hier gibt es keine Diplomatie oder Freundlichkeitsfloskeln. Kein höfliches Geschwafel. Menschen, mit denen du jahrelang auf dem Schulhof heimlich geraucht hast, halten sich damit nicht auf. Sie wissen, in wen du unglücklich verliebt warst, mit wem du hinter der Turnhalle geknutscht hast und dass du immer die Schuhe von deinem großen Bruder auftragen musstest. Und genau so verhalten sie sich auch.

Warum also tut man sich das an? Die alten peinlichen Geschichten, die Schulterklopfer, die doofen Spitznamen? Warum bleiben wir nicht schön auf Abstand und treffen uns im Internet? Dort, wo keiner weiß, dass man eine Zahnspange hatte und im Ferienlager der Deutschlehrerin auf den Schoß gekotzt hat. Interessieren uns mehr die Geschichten aus der gemeinsamen Vergangenheit, oder wollen wir wirklich wissen, wie die anderen heute so ticken, was sie machen, wen sie wählen?

Oder ist es der Wunsch nach Rehabilitation? Dass man endlich sein ewig falsches Bild korrigieren möchte? Man will zeigen, dass aus dem Klassenclown von einst ein seriöser Geschäftsmann geworden ist. Dabei kann es einem doch total egal sein, es sind Wesen aus der Vergangenheit, die nichts mehr mit unserem heutigen Leben zu tun haben.

Vielleicht brauchen wir aber auch mal den Blick in den Spiegel: Was hat die Zeit aus uns gemacht? Was ist wohl aus dem Großmaul geworden? Ob der Klassenschuss von damals immer noch so toll aussieht?

Die Stimmen haben sich kaum verändert, die Bewegungen sind die gleichen, der Humor ist derselbe – ich schließe die Augen und bin im Raum der 13A und habe mal wieder Mathe vergessen. Vor dreißig Jahren waren wir Tag für Tag eine Clique am Tor zur Welt, alle Türen standen offen oder konnten eingetreten werden; Familie waren die Eltern und Geschwister, und Petra war noch nicht tot.

Einen Wimpernschlag später sind die eigenen Kinder schon fast aus dem Haus, ich begleite meinen Vater zum Arzt, der Horizont erscheint mir deutlich näher, und wir stehen plötzlich wieder zusammen wie einst auf dem Pausenhof. Möchte ich das? Möchte ich meine Jugend in Alt sehen? Meine Erinnerung an damals ist so lebendig, die Haut so straff, alle gesund und voller Energie – möchte ich das Bild ersetzen? Für immer zur Erinnerung von damals werden lassen und damit endgültig anerkennen, dass nichts mehr ist, wie es war? Natürlich ist mir das klar, ich bin vollkommen realistisch, ich weiß, dass mir die Rente näher ist als das Abi. Das ist mir alles sehr bewusst, und trotzdem habe ich Angst zu sehen, wie alt wir alle geworden sind. Hätten wir uns jedes Jahr getroffen, wäre es ein schleichender Prozess gewesen; doch diesen Riesensprung von einst auf jetzt zu machen und den Klassencoolsten mit Wampe und ohne Haare wiederzusehen – das kann man doch nicht wollen … Sicher, es ist das Normalste von der Welt, wir alle verändern uns und ich mich natürlich auch, trotzdem möchte ich es nicht aufs

Butterbrot geschmiert bekommen und mir die Illusion nehmen lassen, dass es sehr wohl Klassencoolste gibt, die auch cool bleiben.

Nun stehen wir also da auf dem Schulhof, und was machen wir? Wir vergleichen uns mit den anderen.

Es ist wissenschaftlich erwiesen, dass es kaum ein geeigneteres Mittel gibt, sich selbst grundlos unglücklich zu machen, als den Vergleich mit anderen. Es ist inzwischen sehr leicht geworden, dauernd zu verfolgen, wie viel besser es anderen Menschen geht. Sie sehen besser aus, verdienen mehr und sind einfach glücklicher, während ich doch nur mein kleines, mickeriges Leben so vor mich hinlebe. Dank den sozialen Netzen ist es ein Kinderspiel, sich blitzschnell und oberflächlich ohne jede Hintergrundinformation zu vergleichen. Diverse Plattformen zeigen mir in einer niemals endenden (nur minimal bearbeiteten) Bilderflut einfach von vornherein nur das, was meine Vergleichsperson mir zeigen will, so dass ich gar nicht in Versuchung komme, vielleicht doch mal irgendetwas zu hinterfragen oder gar ein Gesamtbild sehen zu wollen. Ich kann anhand der geposteten Bilder leicht erkennen, dass ich eindeutig nicht so erfolgreich bin wie die anderen und auch wesentlich weniger Spaß habe – von meiner absolut unterirdischen Beliebtheit ganz zu schweigen.

Im echten Leben kann ich meine guten Freunde aus analogem Fleisch und Blut an einer Hand abzählen. Im virtuellen Leben sind es ein paar mehr (von denen ich fast keinen persönlich kenne), und obwohl ich im direkten Vergleich mit meinen Instagram- und Facebookfreunden zwar eine arme Wurst bin, ist das hier nicht halb so schlimm wie beim Klassentreffen, denn ich kann zu meiner Verteidigung immer anführen, dass wir sehr wahrscheinlich nicht die gleichen Startbedingungen hatten. Ich bin vielleicht ein ganz anderer Jahrgang, in einer anderen Stadt oder einem anderen Bundesland aufgewachsen, war in einer anderen Schule und habe eine andere Ausbildung gemacht. Doch wenn ich zum Klassentreffen gehe, ganz besonders dann, wenn es sich um die Grundschule oder die Abiklasse handelt, hatten wir alle ähnliche Grundvoraussetzungen, zumindest was Jahrgang, Zeit und Ort betrifft. Und noch viel schlimmer: Ich treffe Menschen, die mich tatsächlich kennen und mich daran erinnern, wie ich war und was ich werden wollte.

Nur bei einem Klassentreffen bietet sich die einmalige Gelegenheit, sich wirklich gut mit anderen vergleichen zu können. Schließlich haben damals alle gemeinsam an einem Massenstart ins Berufsleben teilgenommen, und wir können nun sehen, wer wie weit gekommen ist. Mein Haus, mein Boot, mein Pferd. Wer hier weder etwas vorweisen kann noch sich selbst (und damit sein unkaputtbares Glück) in Indien gefunden hat, ist jetzt am Arsch. Auch wenn der blasse Holger aus dem Physikleistungskurs heute nicht mehr stottert und eine tolle Stellung bei Siemens besetzt, hat er zwar hundertmal mehr geleistet und erreicht als der neureiche Dirk, der schon damals alles vom Vater hinten reingeschoben bekommen hat. Und wahrscheinlich ist Holger auch sehr viel glücklicher als Dirk, but who the fuck cares? Man sieht immer nur den vermeintlichen Erfolg, ohne den Preis zu kennen. Holger sieht nach nichts aus, und im Vergleich zu den anderen hat er keine Chance. Vielleicht liegt es daran, dass man beim Klassentreffen erst mal in die alte Rolle gesteckt wird. Leider gilt viel zu oft: Einmal Loser, immer Loser. (Somit wäre der Wunsch nach Rehabilitation aussichtslos. Da sollte man besser zu Hause bleiben.)

Die schwerste Aufgabe besteht wohl darin, das alte Bild verschwinden zu lassen. Denn mit diesen Bildern im Kopf kommen alle dort an. Auch man selbst. Aber wäre es nicht viel schöner, sich überraschen zu lassen und mit Freude zur Kenntnis zu nehmen, dass aus der grauen Maus eine Hammerfrau geworden ist? (Und sich dann schön ärgert, dass man zu der Brillenschlange damals so blöd war.)

Stattdessen freuen wir uns, dass es anderen noch schlechter geht, oder orientieren uns an jenen, die wir für toller und erfolgreicher halten.

Warum sind wir bloß so? Woher kommt die Veranlagung, sich so oberflächlich zu vergleichen und sein eigenes Licht derart kampflos unter den Scheffel zu stellen? Warum versuchen wir nicht aktiv, uns Gutes zu tun, indem wir den unglücklichen Vergleich gar nicht erst anstellen, sondern unseren Blick für das Wesentliche öffnen? In ein Fotoalbum (als es das noch gab) haben wir doch auch nur die schönen Bilder geklebt. Die, auf denen wir gut aussahen und der Strand sauber war. Es kamen nur solche rein, die uns auf dem Podest mit hochgerissenen Armen zeigen. Ein Porträt nach der vermasselten Führerscheinprüfung haben wir nicht gemacht, bei uns hing auch kein Poster an der Wand, das unsere Ex mit einem anderen zeigt – warum poppen aber ausschließlich negative Erinnerungen und Niederlagen in unserem Kopf auf, wenn wir uns vergleichen? Und was bewegt uns dazu, so immer wieder freiwillig die Arschkarte zu ziehen?

Warum merken wir uns mehr unangenehme Erfahrungen als Glücksmomente? Das ist doch total dämlich. Wir sollten es ab sofort genau andersherum machen. Die eine oder andere Niederlage kann man sicher in einer Kiste aufbewahren, um sich bei Gelegenheit mal daran zu erinnern, dass das Leben nicht nur geradlinig und auf der Überholspur verläuft. Aber aus unserem Kopf sollten wir sie tunlichst löschen und hier Platz für die glücklichen Momente schaffen. Das Positive wird andauernd unterbewertet – wir sollten glücklich über das sein, was wir erreicht haben, jeder auf seine Art und mit seinen einzigartigen Möglichkeiten. Wenn das zu schwerfällt, nehmen Sie doch bitte einmal einen winzigen Perspektivwechsel vor. Können wir nicht einfach glücklich sein, überhaupt so weit gekommen zu sein? Gesund und im Vollbesitz unserer geistigen Kräfte? Ist das in unserem Alter nicht schon eine verdammt tolle Leistung?

Vielleicht ist das Klassentreffen die beste Gelegenheit, einfach das Leben zu feiern. In Erinnerungen schwelgend darüber zu lachen, was aus uns geworden ist, wie sich die Werte verschoben und die Ziele verändert haben. Und der Nebenbuhler von einst hat 'ne wabbelige Wampe und wurde von seiner Frau verlassen – da geht's einem doch schon wieder gut!

Insidertipp: Sollten Sie jahrzehntelang keinen Kontakt zu Mitschülern gehabt haben, suchen Sie auf Facebook oder einer anderen Social-Media-Plattform das aktuelle Profilbild von Ihrem damaligen Schwarm – so bleibt der optische Schock vor Ort erspart (und Sie können sich vorstellen, wie alt Sie selbst in den Augen der anderen aussehen werden).

NOCH MAL NACHWUCHS?

1970 war Willi Brandt Bundeskanzler, ich ging in den Kindergarten, und die Wetterkarte der Tagesschau präsentierte erstmals ein grenzenloses Europa. (Bis zum 29. März des Jahres wurden noch die Grenzen von 1937 gezeigt.) Das Durchschnittsalter für erstgebärende deutsche Frauen lag bei 24 Jahren, und die grauhaarigen Menschen waren die Großeltern. Die Welt war in Ordnung. Im Fernsehen war »Der Große Preis« mit Wim Thoelke, Wum & Wendelin die Ratesendung schlechthin, »Dick und Doof« noch alternativlos, und Windeln wurden gewaschen, denn sie waren aus Stoff. Bis Pampers 1973 die (bereits 1950 von einem Großvater in den USA entwickelte) Wegwerfwindel auch in Deutschland auf den Markt brachte und sogar die Sicherheitsnadeln durch Klebeband ersetzte.

Ob diese Erleichterung und Zeitersparnis Einfluss auf die gesellschaftlichen Veränderungen kommender Jahre hatte, sei dahingestellt. Tatsache aber ist, dass in den folgenden Jahrzehnten das Alter erstgebärender Mütter stetig anstieg und heute (je nach Statistik und Bildungsstand leicht schwankend) bei rund 30 Jahren liegt. Gleichzeitig wurden die Rollen zwischen Mann und Frau neu verteilt, was dazu führte, dass es heute eigentlich keine Verteilung mehr gibt. Jeder macht, was er will, und keiner weiß mehr, wer wofür

zuständig ist. Ehen werden häufiger geschieden, Männer machen Babypause, und Frauen führen das Land.

Wie alles auf der Welt kann man auch diese Veränderungen aus den verschiedensten Blickwinkeln betrachten, und jedem Paar ist es anheimgestellt, sich mit ihnen zurechtzufinden. Sicher ist einzig die Unfähigkeit der Männer, Babys auf natürliche Weise auszutragen.

Da sich die Frau vom Herd entfesselte, der Mann hilflos verweichlichte (und keinem funktionierenden Leitbild mehr folgen kann), hat sich unausweichlich auch die Gesellschaft verändert und den Kinderwunsch junger Paare bei der Lebensplanung in Frage gestellt – oder zumindest den richtigen Zeitpunkt. Früher hatten Frauen kaum eine Wahl, heute können sie frei entscheiden, ob sie erst die berufliche Karriere vorantreiben wollen (oder müssen) und dann schwanger werden, wenn gewisse Stationen und Ziele erreicht wurden und eine finanzielle Sicherheit für die Zeit mit Baby gegeben ist. (Da allerdings auch der moderne Mann heute

Vaterschaftsurlaub nehmen kann, lässt sich das alles auch andersherum planen.) Langer Rede kurzer Sinn: Es ist in unserer Gesellschaft vollkommen akzeptiert und integriert, dass wir Kinder später bekommen als noch die Generation unserer Eltern. Frauen, die ihr erstes Kind mit 40 gebären, werden nicht mehr schief angesehen. Mediziner und Therapeuten sind sich uneins, ob diese Entwicklung besser für die Kinder oder für die Eltern ist, wo die natürlichen Grenzen liegen und welche physischen und psychischen Auswirkungen bei den senioriden Eltern und ihren Kindern zu beobachten sind. Einiges spricht dafür, dass die Risiken für das Kind durch die Vorteile reiferer Paare aufgewogen werden. Sprich: Die Mängel im Erbgut würden durch die erhöhte Aufmerksamkeit für den eigenen Körper bzw. die Entwicklung des Babys im Mutterleib sowie durch die finanzielle Sicherheit und Lebenserfahrung einigermaßen ausgeglichen, auch wenn jede Schwangerschaft ab dem 35. Lebensjahr der Mutter auch heute noch als Risikoschwangerschaft gilt.

(Kurze medizinische Anmerkung: Bis vor wenigen Jahren galt: Wenn ein Mann einmal in seinem Leben ein Kind gezeugt hat, sei dessen Fruchtbarkeit tadellos und bis ins hohe Alter gegeben. Lediglich Krankheiten oder Drogenmissbrauch könnten ihm einen Strich durch die Rechnung machen. Doch inzwischen verdichten sich die Anzeichen, dass nicht nur für Frauen eine biologische Uhr tickt, sondern auch die begrenzte Haltbarkeit des Mannes mit zunehmendem Alter deutlich wird. Zumindest was die Beweglichkeit der Spermien und die Qualität seines Erbgutes betrifft.)

Wen kümmert aber alle Theorie, wen kümmert, was wer denkt oder wie sich die Gesellschaft verändert hat, wenn wir uns noch mal Nachwuchs wünschen, obwohl ich das biologisch ideale Elternalter von 27 Jahren schon fast verdoppelt habe? Muss ich mir dann nicht ganz andere Gedanken zu einer möglichen Vaterschaft machen?

Wahrscheinlich gibt es nichts Lebensbejahenderes, nichts, was glücklicher macht, als Kinder. Kein noch so großer beruflicher Erfolg oder was auch immer man an Vergleichen bemüht: Nichts bedeutet so viel wie das Elternsein. Und vielleicht gibt nichts dem Leben mehr Sinn als das. Für manche von uns jedenfalls. Wenn ich aber nun schon fast erwachsene Kinder habe und mich trotzdem nicht nur darauf freue, in einigen Jahren vielleicht Enkelkinder zu haben, sondern den großen Wunsch hege, selber noch ein Kind zu bekommen, noch einmal das Wunder von Beginn an erleben zu dürfen? Dann drängen sich automatisch weitere Fragen auf: Habe ich nach der Arbeit, den Terminen bei Osteopathen und Urologen, zwischen Apotheke und Kieser-Training überhaupt noch Zeit für Lego? Ist es vielleicht doch egoistisch, noch ein Kind haben zu wollen? Sollte ich nicht dankbar für meine großen Sprösslinge sein, die gesund sind und bald auf eigenen Beinen stehen werden? Fordere ich nicht das Schicksal heraus, nur weil ich mir nicht eingestehen will, dass ich eben nicht mehr im (statistisch) perfekten Alter bin, um Kinder in die Welt zu setzen? Versuche ich mich selber durch den Nachwuchs jung zu halten? Sollte ich nicht vielmehr versuchen, mich auf die Zeit zu freuen, wenn die Großen aus dem Haus sind und wir endlich wieder Zeit als Paar miteinander haben? (Natürlich nur, bis eines Tages die Enkel bei uns geparkt werden.) Verdränge ich vielleicht sogar damit jetzt schon das »Empty Nest Syndrome«, weil ich letztlich Angst davor habe, alle Gemeinsamkeiten mit meiner Partnerin schwänden mit den flügge werdenden Kindern dahin und zurück bleibe die Leere der Paare, die sich auseinandergelebt haben? Will ich nur etwas kitten oder festhalten? Schenken mehr eigene Kinder mehr Glück? Werden die großen Kinder durch einen Nachzügler degradiert?

Unzählige Fragen, die jeder für sich beantworten muss. Und da sollten wir ehrlich sein, denn die Verantwortung für die Zukunft unserer Kinder liegt immer in unseren Händen – auch wenn wir damit heute öfter einen Katalog für Treppenlifte durchblättern als den Wettkampfplan für Triathleten.

Sicher gibt es biologische Grenzen und ethische Gedanken, welche einem die Richtung weisen. Doch statistisch sind ältere Eltern mindestens genauso glücklich wie jüngere, wenn nicht sogar glücklicher. Sie haben in der Regel die Entscheidung für das Kind sehr bewusst getroffen (oder werden durch die nicht mehr für möglich gehaltene Schwangerschaft überrascht – und sind umso dankbarer).

Sollten Sie also als Mann über 50 vorhaben (noch mal) Vater zu werden, müssen Sie sich neben allem ethischen Für und Wider ganz ehrlich fragen, ob Sie überhaupt noch wieder auf Bäuerchen warten, mit vollgekotztem Sakko ins

181

Büro hetzen oder beim Elternabend in der Kita anderthalb Stunden auf einem der winzigen Stühlchen sitzen wollen (oder können)? Sicher ist es reizvoll, sich mit 60 noch mal die 6er-Reihe ins Gedächtnis zu rufen, aber können Sie mit Ihren Knien noch Fußball spielen? Haben Sie Lust, die nächsten Jahre nach der Schule Vokabeln abzufragen, mittwochs zum Geigenunterricht und an den Wochenenden zum Handballturnier vor Sonnenaufgang nach Dinkelsbühl zu fahren? Wenn ja, dann sollten Sie noch den großen Geschwistern erklären, warum der Onkel oder die Tante ihrer Kinder eines Tages nur ein Jahr älter ist als seine Neffen und Nichten. Hat die ganze Familie sich angesichts dieser alles verändernden Zukunftsplanung wieder berappelt, müssen Sie als Letztes nur noch die geplante Weltreise um 18 Jahre verschieben, und dann haben wir es auch schon. Eine wunderbare Zeit liegt vor Ihnen! Sicher wird der Nachwuchs Sie auf Trab und damit wenigstens geistig jung halten!

Wenn Sie vor zehn Jahren den vermeintlich ausgedienten Buggy verschenkt haben, werden Sie nun erstaunt sein, was es inzwischen für eine enorme Auswahl gibt (und die Dinger lassen sich schieben wie auf Schienen). Sie kaufen nun leicht anzuziehende Baby-Funktionswäsche, die Biowindeln kommen per Post ins Haus, und für den köstlichen Obstbrei müssen Sie nicht mehr alles sorgfältig waschen, schnippeln, kochen, musen, abpacken, einfrieren und auftauen. Er liegt nun als praktischer Quetschie direkt an der Kasse, wo einst die Zigaretten standen – alles supersimpel. Aber auch die dollsten Neuerungen auf dem Babyzubehörartikelmarkt helfen nicht, trotz aller Erleichterungen, über die Begleiterscheinungen einer späten Elternschaft hinweg. (Um nicht zu sagen: Risiken und Nebenwirkungen.) Die schlaflosen Nächte machen mehr zu schaffen als früher, und der Rücken braucht mindestens eine kurze Erholung vor der zweiten Runde Pferdchen um den Küchentisch. Das macht natürlich nichts, aber es blitzt immer wieder der Gedanke auf, wie fit ich wohl bin, wenn der oder die Kleine Abi macht? Schleppe ich mich am Rollator zum Abschlussball? Oder schaffe ich es, mich mit Aquagymnastik so lange in Form zu halten, wie ich als Vater gebraucht werde?

Eins noch: Gehen Sie sicherheitshalber davon aus, die ältesten Eltern in der Kita zu sein und als alter Vater verstärkt von sehr viel vitaleren, dunkelhaarigen oder naturblonden, faltenfreien, aufstrebenden Menschen umgeben zu sein. Lassen Sie sich davon nicht runterziehen! Bitten Sie Ihr Kind, cool zu bleiben, wenn es von Klassenkameraden angesprochen wird, warum es immer vom Opa abgeholt wird. (Sollte das für Sie zu einem Problem werden: Einfach wieder mehr Sport treiben, weniger Bier trinken und einen Blick in das Kapitel »Graue Haare« werfen.)

Außer Fragen würde ich Ihnen gerne auch ein paar handfeste Tipps mit auf den Weg geben, aber da müssen Sie leider alleine durch.

Denn mal ganz ehrlich: Planen wir unser Leben aufgrund von Ratgebern? Lassen wir unsere Wünsche, unsere Liebe und unsere Lebensziele von Zahlen und Fakten leiten? Manche Menschen tun das vielleicht. Doch bei aller Verantwortung für uns und das Leben all unserer Nachkommen wäre die Welt doch ärmer, wenn wir uns nicht vor allem von unserem Gefühl leiten lassen würden. Trotzdem möchte ich Ihnen einige Forschungsergebnisse nicht vorenthalten.

(*Kurztipp:* Wer die späte Vaterschaft früh genug einplant oder den Risiken einer solchen vorbeugen möchte, sollte in jungen Jahren Sperma einfrieren lassen. Aber wer denkt schon daran …)

Während die Gesundheitsrisiken, die ältere Mütter mitbringen, schon weitestgehend bekannt sind, ist der späte Vater erst seit kurzem in den Fokus der Wissenschaft gerückt, und verschiedene Studien werden kontrovers diskutiert.

In der medizinischen Fachzeitschrift »JAMA Psychiatry« wurde 2014 eine Großstudie der Indiana University veröffentlicht.

Sie zeigt, dass ältere Väter durchaus ein Risiko für das Kind darstellen können, da die Qualität der Keimzellen mit zunehmenden Alter geringer wird. Hier konnten die Veränderungen des Spermas als Ursache für mögliche Krankheiten ausgemacht werden.

Das Ergebnis belegt, dass Kinder älterer Väter zum Teil ein gravierend höheres Risiko für ADHS, Autismus und andere psychische Störungen haben. Zudem zeigten die Kinder der älteren Väter dieser Studie auch schlechtere schulische Leistungen. Und es wurde hier ein Zusammenhang zwischen der Intelligenz von Kindern und dem Alter des Vaters nachgewiesen. Der Nachwuchs eines 50-jährigen Mannes schaffte im Intelligenztest durchschnittlich sechs IQ-Punkte weniger als der eines 20-Jährigen.

Die Resultate können zwar eine Ursache-Wirkung-Beziehung nicht beweisen, legen einen solchen Zusammenhang jedoch sehr nahe, da bei der statistischen Auswertung andere Einflussfaktoren weitgehend berücksichtigt wurden. Aber wie überall gibt es auch hier Studien, die das Gegenteil belegen.

Will man also den optimalen Zeitpunkt ermitteln, wann ein Kind unter den besten Voraussetzungen gezeugt wird, müssen wir diese Erkenntnisse ebenso berücksichtigen wie jene Studien, welche belegen, dass ältere Eltern auch Vorteile für das Kind bereithalten.

Man kann es drehen und wenden wie man will, doch ich fürchte, wir müssen uns von dem Trugbild der immer auf Turnierniveau zeugenden Väter à la Charlie Chaplin verabschieden. Der Wunsch nach Kindern ist in den meisten von uns ganz tief verankert, und niemand kann je wissen, wann der richtige Zeitpunkt dafür ist. Niemand kann wissen, ob sein Kind ein glückliches und erfülltes Leben führen wird. Unzählige innere und äußere Einflüsse werden ihre Hände im Spiel haben, doch wir können nicht einfach weiter so tun, als wären wir nicht auch durch unser eigenes Alter mitverantwortlich für die Startposition unseres Nachwuchses. (Übrigens: Wenn die zukünftige Mutter auch schon relativ »alt« ist, verringert sich logischerweise 1. die Chance, schwanger zu werden, und 2. steigt das gesundheitliche Risiko für das Baby. Also: Je geringer das Durchschnittsalter der Eltern, desto besser.)

Gerne hätte ich hier mit einem Happy End unsere niemals abnehmende Spermienqualität gefeiert, doch dieses Buch ist ja keine Schmonzette. Wir sind schließlich hier zusammengekommen, um der Wahrheit ins Auge zu blicken. Und wenn es neue wissenschaftliche Erkenntnisse gibt, dann sollten wir sie auch wahrnehmen – wie jeder von uns damit umgeht, steht ja auf einem anderen Blatt.

> »Wer sich erst relativ spät ein Kind wünscht, sollte über die Risiken aufgeklärt werden – egal ob Mann oder Frau. Und dann seine eigene Entscheidung treffen.« *(Kari Stefansson, Neurologe von der Universität von Island in Reykjavik)*

Ein beunruhigendes Thema habe ich Ihnen bisher vorenthalten: Einige Mediziner gehen davon aus, dass unsere Kultur und Lebensweise uns derart mit Giftstoffen, Pestiziden und Elektrosmog zuballert, dass sich die Spermienqualität insgesamt, also auch die junger Männer, in den letzten Jahrzehnten dramatisch verschlechtert hat.[*]

Das ist furchtbar und schlimm, aber trotzdem müssen wir ja weitermachen, denn zukünftige Generationen wollen gezeugt werden. Schließlich fliegen wir auch mit dem Flugzeug

---

[*] Die einen sagen so, die anderen sagen das Gegenteil. Lobbyismus?

oder gehen über die Straße, obwohl beides erwiesenermaßen ein nicht auszuschließendes Mortalitätsrisiko beinhaltet.

Und die Sorgen werden nicht kleiner. Solange der Sprössling mit dem Bobbycar die Nachbarn unter Ihnen tyrannisiert, ist die Welt noch in Ordnung. Doch eines Tages werden die lieben Kleinen mit Ihrem Auto durch die Gegend eiern. Und Sie sitzen daneben …

BEGLEITETES FAHREN

Im diffusen Dämmerlicht preschen Leitpfosten rechts an Ihnen vorbei, hoffentlich taucht kein Reh auf! Sie sehen Planken mit Lichtgeschwindigkeit dahinrasen, der Puls pocht. Aber: Sie haben kein Lenkrad, keine Pedale, nichts, alles weg … Ein Albtraum? Ja! Denn Sie sitzen plötzlich auf dem Beifahrersitz, und Ihre Tochter prescht mit 120 km/h über die Autobahn … Was ist hier los? Wieso schläft die nicht selig im Maxi Cosi?

Auch wenn Sie die roten Apfelbäckchen und strahlenden Bullerbüaugen vor sich sehen, als hätten Sie gerade erst die Aula nach der Einschulungsfeier verlassen, werden Sie feststellen, dass Ihr (inzwischen auf Sie herabschauender) Nachwuchs gar nicht so falschliegt mit seiner Einschätzung, es sei jetzt Zeit, sich bei der Fahrschule anzumelden. Tatsächlich liegen – in einem Wimpernschlag verflogene – zehn Jahre zwischen der Zuckertüte und der heutigen Bitte um Unterschrift auf dem Antrag. »Du bist noch nicht mal 17!« – »Werd' ich aber in einem halben Jahr!« Mit einem »Autofahren darf man ab 18, Schätzchen« versuchen Sie alles noch einmal abzuwenden. Vergeblich: »Aber jetzt gibt es begleitetes Fahren mit 17!«

Ein Fakt, den man akzeptieren muss. Die Kinder sind inzwischen so alt, dass sie wie selbstverständlich nach unserem

Autoschlüssel greifen. Ich finde es immer noch unglaublich, dass meine kleine Schwester einen Führerschein hat (und das bereits seit 30 Jahren), aber dass jetzt die Stunde geschlagen hat, zu der mein Auto nicht mehr mein Auto sein soll, sondern nur noch 'ne Karre, deren Felgen in Parkhausauffahrten geraspelt werden wie Parmesan, das geht zu weit. (Insidertipp: Sollten Sie in der privilegierten Situation sein, über zwei Autos zu verfügen, verkaufen Sie den Kindern Mamas Wagen als die viel geilere Karre.)

Aber das ist Zukunftsmusik (um nicht zu sagen: eine Dystopie), denn noch stehen Sie vor Ihrem Sprössling und schulden eine Antwort. Eine erste Entscheidungshilfe für die richtige Reaktion sind die nicht unerheblichen Kosten des Vorhabens. Vielleicht sind Sie in der Lage (und bereit), diese zu tragen – wenn nicht, könnte der Möchtegernfahrschüler anbieten, die Stunden selber zu finanzieren. Wenn wir ehrlich sind, heißt das aber, er oder sie legt stapelweise Pullover bei Bershka vor der Umkleide zusammen, statt Hausaufgaben zu machen, oder mixt Curaçao mit Bananensaft an irgendeinem Tresen, statt zu schlafen – und da steht für viele von uns die Hoffnung auf einen anständigen Schulabschluss dann doch im Vordergrund. Also sage ich, dass wir natürlich für die Kosten aufkommen, und schon treten die alltäglichen Sorgen um die Sicherheit wieder auf den Plan. Will ich überhaupt, dass mein minderjähriges Kind Auto fährt?

Sollte Ihnen bei diesem Gedankengang der Satz »Warum fährst du nicht weiter Bus und Bahn? Oder, noch viel gesünder: Fahrrad!« rausrutschen, kommt der – bis dato nie erwähnte – Freund mit dem eigenen Auto ins Spiel … Und dieses Argument zieht erneut einigen Gesprächsbedarf nach sich! Sie denken an die Disco, den Angeber im tiefergelegten Wagen, Alkohol oder andere schreckliche Präpositionen des Fahrers. Es fallen einem zig sicherheitsmindernde Begleitumstände ein, die alle zu dem Schluss führen, dass Sie Ihr Kind unter gar keinen Umständen mit diesem Fremden fahren lassen möchten.

Daher erscheint es schon nach kurzem Wortwechsel wieder äußerst sinnvoll, dem Kind selber die Kontrolle über das Auto zu ermöglichen, anstatt es einem Ihnen unbekannten, unzuverlässigen Raser aufgeliefert zu sehen.

Also, Sie haben sich entschieden, und nun ist die Frage, wer soll denn die Begleitung sein, die den Fahranfänger bis zum 18. Geburtstag an der Backe hat? Es können mehrere Personen benannt und dann in die entsprechenden Papiere eingetragen werden. Ich nehme aber an, Sie wollen der Hauptbegleiter werden. Liegt ja auch auf der Hand: Dann sind Sie quasi der inoffizielle Fahrlehrer und wissen immer, wie es dem Wagen geht. Aber jetzt kommt's: Selbst wenn Sie wollten, könnten Sie das gar nicht allein entscheiden. Dafür müssen Sie sich qualifizieren! Die Welt ist nicht einfach dankbar, dass Sie sich auf dem Schleudersitz zur Verfügung stellen, sondern stellt auch noch Anforderungen. Mann, Mann, aber wir machen das ja für die Kinder und irgendwie auch für uns.

Die erste Aufgabe werden Sie mit Leichtigkeit erfüllen: Sie müssen mindestens 30 Jahre alt sein, und selbst wenn Sie sehr früh angefangen haben, werden nur die wenigsten von uns jünger als 13 gewesen sein …

Also Punkt eins erfüllt! (Sollten Sie in zweiter Ehe verheiratet und die neue Partnerin nicht die leibliche Mutter des Fahranfängers sein, kann sie unter Umständen schon hier durch das Raster fallen.)

Die zweite Anforderung ist allerdings schon ein anderes Kaliber: Sie müssen seit fünf Jahren ununterbrochen im Besitz des Autoführerscheins sein! Da heißt es, das Kleingedruckte zu lesen! UNUNTERBROCHEN bedeutet, dass Sie innerhalb der letzten fünf Jahre kein einziges Mal den Lappen auch nur für eine Sekunde los waren, also nie erwischt wurden oder sich immer an alle Regeln gehalten haben, deren Verletzung mit Führerscheinentzug geahndet werden! (Lag aber eine »Unterbrechung« vor, haben Sie jetzt ein Problem, denn Sie scheiden als Begleiter aus und müssen Ihrem Kind den Grund beichten. Als moralische Instanz können Sie hier nun abdanken.)

Sie sind aber natürlich sauber, somit einen entscheidenden Schritt weiter, und die größte Hürde ist genommen. Jetzt wird es wirklich einfach: Die dritte Anforderung an den Begleiter lautet, auf dem Beifahrersitz Platz zu nehmen. Eine vergleichsweise geringe Anforderung, schließlich brauchen Sie rein technisch gesehen nur auf die andere Seite des Fahrzeugs zu gehen und dort die vordere Tür zu öffnen. Alles, was Sie normalerweise an Instrumenten, Schaltern und Knöpfen vor sich sehen, befindet sich nun links von Ihnen. Es ist also in erster Linie eine mentale Herausforderung. Daran sollte es also nicht scheitern, aber jetzt kommt Frage vier (und die hat es in sich):

Wie viele Punkte haben Sie in Flensburg?

Wenn Sie die Frage nicht verstehen, dann haben Sie die Anforderung wahrscheinlich schon erfüllt. Sollten Sie jedoch bei dem Wort »Flensburg« rote Ohren kriegen – und das nicht wegen gelegentlicher Post vom Erotikversandhandel –, sondern weil das ebenfalls dort ansässige Kraftfahrt-Bundesamt Sie mit Namen kennt, dann dürfte das den Einsatz als Begleiter fast unmöglich machen. Denn mehr als einen Punkt dürfen Sie nicht haben, sonst sind Sie raus aus der Nummer und müssen an Ihre Frau übergeben … (An dieser Stelle werfen Sie bitte noch mal einen Blick auf die Punkte eins und zwei …)

Ich gehe jetzt aber mal davon aus, Sie haben all diese Voraussetzungen erfüllt und sitzen nun neben Ihrem Nachwuchs in Ihrem schönen Wagen (im Idealfall dem Ihrer Frau) und wollen gerade starten. Dann stellen Sie sich bitte noch eine allerletzte Frage: Wie nüchtern bin ich eigentlich? Denn so ärgerlich es auch ist, die Begleitperson darf nicht mehr als 0,5 Promille Alkohol im Blut bzw. weniger als 0,25 mg/l Alkohol in der Atemluft haben. Das ist sicherheitstechnisch natürlich gut überlegt (da Sie ja im Vollbesitz Ihrer geistigen Kräfte sein müssen, falls es brenzlig wird), aber es nimmt einem die Chance, seinen eigenen Nachwuchs mit seinem eigenen Wagen als sein eigenes Taxi zu nutzen ... Das allerdings wäre viel zu egoistisch gedacht, denn schließlich geht es hier um die Sicherheit unserer Kinder im Verkehr. Und die neuesten Forschung geben Ihrer Einsicht recht: Einer Untersuchung der Bundesanstalt für Straßenwesen (BASt) in Bergisch Gladbach zufolge wurde anhand von Unfallstatistiken inzwischen ermittelt, dass das frühzeitige Fahren der begleiteten 17-Jährigen später das Unfallrisiko der jungen Leute um rund 23 Prozent im Vergleich zu »normalen« Fahranfängern senkt. Ähnlich deutlich sinkt außerdem die Wahrscheinlichkeit, dass schwere Verkehrsverstöße begangen werden. Daher sind dann auch die Beiträge bei vielen KFZ-Versicherungsanbietern günstiger. (Den Rabatt haben Sie sich aber auch redlich verdient.)

Wenn Sie also einem Führerschein zustimmen, lohnt es sich auf jeden Fall, frühzeitig mit dem begleiteten Fahren zu beginnen. Während der ersten stokeligen Fahrten werden Sie den Hals wie eine Eule vor dem Abbiegen in alle Richtungen drehen und sich kaum zurückhalten können, mal kurz ins Lenkrad zu greifen, um etwas mehr Abstand zum Gegenverkehr zu bekommen. Sie werden die Handbremse mit Ihrer Linken umklammern, und Blut wird erst wieder in die Finger fließen, wenn Sie mit weichen Knien aussteigen und den Autoschlüssel lässig übergeben bekommen.

Auch wenn sich manch (ignoranter) Mann kaum vorstellen mag, dass Frauen und Kinder zu richtig guten Autofahrern werden können: Je öfter Sie mit ihnen (den Kindern natürlich, nur da haben Sie ja noch Einfluss) fahren, desto entspannter werden Sie alle mit der Zeit ein- und aussteigen. Und der frühe Führerschein hat noch einen ganz anderen positiven Aspekt: Viele Eltern rufen nach der bestandenen Prüfung in den Fahrschulen nicht nur an, um sich zu bedanken, sondern sie berichten, dass sie durch die zwangsweise Begleitung ihrer Teenager-Kinder im Auto wieder ein gemeinsames Thema gefunden haben und so ganz anders kommunizieren können! Und das allein ist doch schon die Sache wert. Nachdem die Frage »Und, was habt Ihr im Kindergarten gemacht, mein Schätzchen?« immer mit »Weiß ich nicht« beantwortet wurde und die letzten Jahre so gut wie gar nichts mehr aus den pubertierenden Mündern zu vernehmen war, so wendet sich das Blatt jetzt schlagartig. Plötzlich ist die »Spießerkarre« das verbindende Glied, die gemeinsame Zeit in dem Faraday'schen Käfig bietet beste Voraussetzungen für gemeinsame Erlebnisse und Gespräche. Sie glauben gar nicht, was für ungeahnte Vorteile das »Begleitete Fahren« hat: Ihr Kind kann nicht wie sonst einfach in sein Zimmer abhauen, aufs Handy gucken oder die Kopfhörer aufsetzen. Es ist Ihnen und der neuen, grenzenlosen Kommunikationsmöglichkeit angeschnallt ausgeliefert! Vielleicht erfahren Sie ganz nebenbei, dass sich Ihre Tochter jetzt doch wieder mit dem verflossenen Vollpfosten trifft oder wo Ihr Sohn so rumchillt. Ich denke, das ist ein toller Start in einen neuen gemeinsamen Lebensabschnitt.

Sie finden im Netz jede Menge Tipps und Ratschläge für Begleitpersonen. Einige habe ich mal für Sie zusammengestellt und durch persönliche Erfahrungen ergänzt:

Das Wichtigste zuerst: Seien Sie immer ein Vorbild, wenn Sie selbst am Steuer sind.

(Achtung: Sobald ein Fahrschüler die Prüfung bestanden hat, wird er/sie zum penetranten Besserwisser und bewertet klugscheißerisch all Ihre Handlungen. Das heißt trotzdem nicht, dass Sie sich jetzt hutfahrerisch an alle Geschwindigkeitsbegrenzungen halten müssen. Sie müssen nur ein belastbares Argument liefern, das Ihren Fahrstil rechtfertigt: »Mein Schatz, nach 30 Jahren hast du die Situation bestimmt genauso sicher im Griff wie ich – und so lange hältst du dich an die Regeln, das habe ich früher auch gemacht.« Plötzliche Vollbeschleunigung bei dunkelgelben Ampeln bezeichnet man üblicherweise Kindern gegenüber als »Aktive Sicherheit«, damit Ihnen keiner hintendrauf fährt.)

Seien Sie offen für die Fahrtziele und Strecken Ihrer Kinder. Das gibt ihnen Selbstvertrauen.

(Wenn Sie aber sicher sind, einen besseren Weg zu kennen, nehmen Sie diesen trotzdem und empfehlen ihn als »Geheimtipp«.)

Vermitteln Sie während der Fahrt ein Gefühl der Wertschätzung und Sicherheit. Schaffen Sie eine positive Atmosphäre. Bleiben Sie geduldig.

(Wenigstens nach außen. Tragen Sie luftige Kleidung, Wut- und Angstschweiß können so vermindert werden.)

Als Begleitperson stehen Sie vor der großen Herausforderung, dem Jugendlichen neben Ihnen ausreichend Zeit zu lassen, um Gefahren im Straßenverkehr selbst wahrzunehmen.

(Aber Achtung, hier geht es auch um Ihr Leben. Und die Frage lautet: Wie lange warten Sie, bis Sie ganz ruhig sagen: »Siehst du den LKW?«)

Am meisten erreichen Sie durch Lob und konstruktive Kritik.

(Vermeiden Sie also alle Kommentare, die Ihre Gattin von Ihnen kennt, wenn sie am Steuer sitzt.)

Unternehmen Sie Begleitfahrten nicht nur bei Tageslicht und Sonnenschein. Das Fahren bei Dunkelheit, Regen, Schneefall oder Nebel ist eine besondere Herausforderung!

(Hier können Sie echt profitieren. Wenn Sie das alles überstanden haben, sind sie eine echt coole Sau und können sogar auf der Autobahn schlafen, wenn Ihre Frau fährt.)

Wichtig ist: Widersprechen Sie nicht einer Fahrtechnik, die Ihr Kind zuvor in der Fahrschule gelernt hat. Sie sind schließlich kein Fahrlehrer. Die Verantwortung liegt immer bei der Person am Steuer.

(Natürlich halten Sie den Fahrlehrer für eine Nulpe, wenn er seinen Schülern in die Gehirnrinde geritzt hat, an jeder Ecke den »Innenspiegel-Außenspiegel-Schulterblick« derart zu zelebrieren, dass Sie Gefahr laufen, während des Abbiegens ein Parkticket unter den Scheibenwischer geklemmt zu bekommen.)

WEIHNACHTEN AB JETZT BEI UNS?

Als Kind sind Geburtstage und Weihnachten unschlagbar, dann kommen die Sommerferien, Silvester und vielleicht noch Ostern (wenn man gerne sucht). Im Zuge der Pubertät fällt als erstes Ostern hintenüber, Silvester wird zur Mega-Anstrengung, weil's einfach knallen muss (im Kopf, auf der Straße und am besten noch mit einer neuen Freundin). Geburtstag ist okay, zumindest wenn man 18 wird, und Weihnachten wird immer öder, bis man selber Kinder hat und es wieder durch deren Augen neu entdeckt. Zwischenzeitlich fragen wir uns hinter vorgehaltener Hand: Warum tun wir uns das jedes Jahr wieder an?

Ganz einfach: Der Buddhismus legt den Menschen in seiner Lehre nahe, eigentlich immerzu und jederzeit anderen Menschen Gutes zu tun, das soziale Miteinander stets vor Augen zu haben und im Alltag darauf bedacht zu sein, eher andere glücklich zu machen als sich selbst. Unsere Kultur in Deutschland ist jedoch vom Christentum geprägt, was das Weihnachtsfest zum einsamen Anlass für altruistisches Verhalten werden ließ. Natürlich ist es überspitzt ausgedrückt und sehr vereinfacht, doch durch diese Tradition verlagern wir hier gerne all unsere Spenden- und sonstigen mitgefühlbetonten Aktivitäten auf Ende Dezember. Dazu gehört ganz besonders auch das Zusammengehörigkeitsgefühl der mehr oder weniger engen Verwandten samt Anhang. Seine Familie kann man sich zwar nicht aussuchen, aber Blut ist letztlich meist dicker als Wasser, und wer sonst ist meine Basis, der Ort der Geborgenheit? Wer kennt einen besser als die Menschen, mit denen wir jede Nacht gekuschelt haben, die uns die Windeln gewechselt und später zum Geigenunterricht gefahren haben, die am Rand des Fußballfeldes »Schieß endlich« geschrien und beim ersten Liebeskummer getröstet haben? Wenn alles gut läuft und weder Eifersucht noch Alkohol, weder Erbe noch Ehen das Band der Eltern- und Geschwisterliebe zerschnitten haben, ist doch davon auszugehen, dass es eigentlich nichts Schöneres gibt, als das Fest der Liebe im engen Kreise der Familie an einem Ort zu begehen, der uns alle verbindet. (Hotels sollte man dafür – nach meiner Erfahrung – meiden. Sie sind prima für den Urlaub, ein Weihnachtsfeeling kommt aber bei Vollpension mit Bescherung im Doppelzimmer nicht auf.)

Selbst wenn dem so ist und sich alle in der Familie gut verstehen, hat nicht jeder das gleiche Bedürfnis nach Nähe. Sie können Ihre Familie lieben und trotzdem nicht drei Tage bei Kerzenschein zwischen Rotkohl und Plätzchen mit allen auf dem Sofa verbringen wollen. Das ist völlig in Ordnung. Ich habe es recherchiert: Unzählige Kolumnen diverser Frauenmagazine beschäftigen sich mit dem Thema, seitenweise Anekdoten findet man mit einem Klick, und alle haben denselben Tenor: Wir fühlen uns (mehr oder weniger) dazu verdammt, am 24. auf Knopfdruck sentimental, irgendwie gläubig und gemütlich zu sein und uns darüber zu freuen, ein paar Tage auf engstem Raum mit all denen zu verbringen, die man einzeln gerne mal trifft, deren Gruppendynamik man aber ebenso gerne entgeht. Logischerweise haben Weihnachtskomödien alljährlich Hochkonjunktur, ebenso auch sentimentale Dramen, welche das Fest zum Anlass nehmen, unsere zwischenmenschliche Kälte für zwei Stunden zu erwärmen. Edeka hat 2016 mit dem Werbespot »Heimkommen« die Nation mit der Nase auf die wunden Spekulatius gedrückt, als ein Opa nur durch seine erfundene Todesanzeige die Familie zu sich ins verlassene Heim lotsen konnte, um mit seinen Kindern und Enkeln wenigstens am Heiligen Abend ein wenig gemeinsame Zeit zu verbringen. Wir Fernsehzuschauer waren von dieser Supermarktwerbung gerührt, weil uns für einen Moment der Schauer der Selbsterkenntnis über den Rücken lief. Schließlich sind wir alle im Alltagsstress derart gefangen, dass es ein Leichtes ist, Oma und Opa ebenso zu vergessen wie den Rest der Sippe, einfach weil jeder seinem chaotischen oder durchgetakteten Alltag hinterherhetzt und froh ist, wenn man selbst und zu Hause alles so weit funktioniert. Und auch wenn alles läuft wie am Schnürchen: Ein einziges Telefonat mit Oma kann den ganzen Rhythmus zum Stocken bringen – und dann lassen wir es lieber … SMS haben Telefonate und handgeschriebene Briefe schon vollkommen abgelöst, so dass die Abwesenheit von Nähe durch vermeintliche Präsenz per Emojis wunderbar kompensiert wird. Es ist vollkommen egal, ob Sie religiös sind oder nicht. (Nein, nicht ganz egal, da sich z. B. Weltfrieden nur erreichen lässt, wenn wir die – inzwischen überflüssige – Krücke Religion samt ihrem »Appendix« Kirche überwunden haben!) Vielleicht nutzen Sie den 24. Dezember mit seinen zwei wunderbaren Feiertagen ja auch nur aufgrund der geschlossenen Geschäfte, um sich einmal im Jahr Zeit für die Familie zu nehmen. Wie auch immer, es ist eine tolle Idee, welche in anderen Kulturkreisen, mit dementsprechend anderen Religionen, ähnlich umgesetzt wird. Man nimmt sich Zeit, um mit seinen Liebsten zusammen zu sein. Reden, essen, trinken, einander beschenken und auspacken. Und selbst wenn mancher nur aufgrund des Rotweinpegels glänzende Augen bekommt, so ist es doch ein ganz besonderes Ereignis, Eltern, Großeltern, Onkel und Tanten mit Kind und Kegel um sich versammelt zu wissen, bis endlich das erlösende Glöckchen den Blick auf den warm leuchtenden, bunt geschmückten, sagenhaften Weihnachtsbaum eröffnet, wo Sie glückselig vor den Geschenken niederknien. Dieses Gefühl, die Geborgenheit und Wärme dieses Augenblicks werden Sie – wie ich – Ihr ganzes Leben in sich tragen. Warum sollten wir uns also nicht zusammenreißen und einen Weg finden, das Fest einfach zu genießen? Dazu brauchen wir sicher nicht die absurden Berge an Geschenken, nichts muss minutiös durchgeplant sein, und es muss auch nicht immer Omas blassen Karpfen in geschmacksneutralem Wasserbad zu essen geben. Auch wenn es manchmal nicht so einfach ist, über seinen Schatten zu springen und alle Unstimmigkeiten, unterschiedlichen Ansichten und Gewohnheiten auszublenden, um sich wieder da einzugliedern, wo alles begann, so lohnt doch all die Selbstbeherr-

schung für eine sinn- und friedvolle Zäsur kurz vor Jahres-
schluss …

Dies alles vorausgeschickt, stellt sich uns jetzt die Frage:
Fahren wir zu den Eltern, oder sind nicht langsam wir mal
an der Reihe, das Fest der Liebe auszurichten? In vielen Be-
reichen des Lebens wird der Staffelstab nun langsam übergeben, und an Weihnachten zeigt sich der Generationswechsel ganz offensichtlich. Abgesehen von all den praktischen
Überlegungen, ob es bei den Großeltern räumlich überhaupt
noch passt oder es vielleicht nicht doch viel einfacher ist,
wenn die Kinder ihr eigenes Zimmer mit ihren Spielsachen
haben und nicht den ganzen Tag zwischen Omas Küche, den
Glasvitrinen mit Sammeltassen und dem Baum umherturn-
en, handelt es sich doch hierbei – neben der Ortswahl –
auch um eine Frage der Rollenverteilung. Da ich inzwischen
genauso oft mit meinen Eltern zum Arzt gehe wie sie früher mit mir zum Kieferorthopäden, sollte ich langsam auch
die Verantwortung für die Wachskerzen übernehmen. Oder
ganz radikal sein und mit einer elektrischen Lichterkette
eine eigene neue Familien- und Baumschmücktradition eta-
blieren, wie meine Frau es sich schon immer gewünscht hat.
(Einfach weil sie das klassisch-matte Rot der Kugeln, kleine
Schrumpeläpfel und vereinzelte Schokoringe am Geschenk-
band satthat und schon seit der Uni von einem amerikanisch
inspirierten Baum mit Zuckerstangen und Lametta träumt.)

Weihnachten nicht mehr bei den Eltern zu feiern, sondern
es selber bei sich zu Hause auszurichten ist wahrscheinlich
ein längst vergessenes oder weit unterschätztes Initiations-

ritual. Wenn ich zu meinen Eltern fahre, werde ich automatisch wieder zum Kind. Ich benehme mich fast wie damals, nutze die gleichen Wege und Handgriffe, sitze auf meinem alten Platz mit angewinkelten Beinen, alles fühlt sich an wie früher, nur mein Rücken tut weh, und ich habe fast so viele graue Haare wie mein Vater. Wir reden nicht mehr über mögliche Studienplätze, dafür über nachlassenden Harnstrahl und die Wirksamkeit von Kürbissamen, und ich verlege meine Brille an den Stellen, wo ich sie früher für meinen Vater gefunden habe. Wenn die Kinder dabei sind, habe ich eine Doppelrolle, da sie mich als Kind nicht kennen und für sie die Großeltern eigenständige Wesen sind, welche mich unvorstellbarerweise vor langer Zeit, als sie noch nicht einmal in Mamis Bauch waren (und auch Mami noch nicht in dem Bauch von der anderen Oma) gefüttert und gewickelt haben sollen …

Doch in dem Augenblick, an dem du deinen Eltern die Tür öffnest, sie ihren Mantel in deinen Schrank hängen und fragen, wo die Milch ist, bist du der Rudelführer geworden. »Solange du deine Füße unter meinen Tisch stellst …« war einmal; du hast es geschafft und kannst nun selber eine Familie ernähren, bist Herr im Hause und trägst die Verantwortung nicht nur für die eigenen Kinder. Auch deine Eltern wissen, dass sich nun eine Ära dem Ende zu neigt. Ich bekomme den Stab in Form eines Tannenbaums im Ständer übergeben und führe für die nächsten 20 Jahre eine Tradition fort oder mache sie zu unserer eigenen, ergänze und vermenge sie mit den Riten, welche zu Weihnachten der Familie meiner Frau verlässlichen Halt gegeben haben – und dabei sicher auch der halben Belegschaft auf den Nerv gegangen sind. Auf jeden Fall bin ich mit Annahme dieser Aufgabe in der Mitte des Lebens angekommen. Von nun an wird mir vorgeworfen, zu wenig Kartoffeln in den Heringssalat geschnitten zu haben, zu große Fischstücke oder zu viel Äpfel; ich werde das falsche Lied als Erstes gespielt haben und den Baum nicht gerade gerichtet, die Lichterkette nicht repariert und das Wasser im Ständer nicht nachgefüllt haben. Von nun an werden meine Frau und ich uns exakt die Dinge sagen, mit denen unsere Eltern einander gegenseitig auf die Palme brachten – und unsere Kinder werden nörgeln, dass sie keinen Bock mehr auf den ganzen Kram haben, es aber ebenso wie wir vermissen, wenn sich plötzlich keiner über die zu klein geschnittenen Kartoffeln, die miserabel abgeschreckten Eier oder weniger Fisch als sonst im Salat aufregt, während im Hintergrund die immer gleichen Lieder laufen.

Und dann kommt der Tag, an dem wir den Baum auf die Straße werfen, es wird allmählich wieder heller, und anscheinend kommt ein Sommer, wie er früher einmal war. Doch so ist es nicht. Was Weihnachten lediglich wie eine neue Location oder ein kleiner Ortswechsel aussah, war nicht einfach nur ein Familienfest, sondern ein Wendepunkt. Die Tage in unserem Hause haben vorweggenommen, wohin die Reise unweigerlich geht. Ein halbes Leben lang können (und wollen) wir uns nicht vorstellen, dass unsere Eltern eines Tages nicht mehr unser Halt sind, sie nicht endlos nur ein bisschen älter sind als wir. Sie verlieren manchmal ihre Kraft und Souveränität und werden anscheinend kleiner.

Heute fahre ich mit meinem Vater zum Arzt, fülle Fragebögen zur Anamnese aus und mache Kontrolltermine. Meine Kinder helfen ihren Großeltern, die Fernsehsender in der Favoritenliste und auf der Fernbedienung so zu programmieren, dass sie diese auch wiederfinden, und zeigen ihnen, wie man den Klingelton am Handy lauter stellt.

Meinen Eltern ist es ebenso unangenehm wie mir, wir wollen die Rollen noch nicht tauschen müssen, sondern die Zeit genießen, in der wir einander so gut verstehen können wie nie zuvor. Weil wir alle erwachsen sind und Kinder haben, treffen wir uns für eine kurze Zeit auf Augenhöhe.

Doch leider rast die Zeit, und irgendwo im Hintergrund braut sich etwas zusammen … Es muss nicht heute kommen, doch es kommt auf uns alle zu, und wir tun sicher gut daran, nicht zu verdrängen, was unausweichlich ist.

Der Zahn der Zeit nagt unaufhörlich weiter, und unsere Eltern sind inzwischen über 70. Auch wenn wir uns noch so oft sagen: Man ist so alt, wie man sich fühlt – und 60 ist das neue 50 –, so wird mir doch immer deutlicher, dass auch die gesündesten Eltern nicht unendlich so bleiben, wie sie waren. Wir sind jetzt am Zug. Ich bin nun in dem Alter und der Position, wie ich als Kind meinen Vater erlebt habe. Ich liebte die Eltern meiner Eltern, sie waren eine zweite Instanz, gaben Wärme und Geborgenheit, aber sie standen in der zweiten Reihe und wurden von meinem Vater beschützt. Er war der Angelpunkt, er hatte das Zepter in der Hand, und

205

wer Hilfe brauchte, wandte sich an ihn. Meine Großeltern leben schon lange nicht mehr, und trotzdem beginne ich erst langsam zu realisieren, dass ich unmerklich begonnen habe, die damalige Rolle meines Vaters zu übernehmen. Unsere Kinder kennen es gar nicht anders, für sie bin ich der Clan-Leader. Schon immer gewesen. Und diese Position ist in Stein gemeißelt. Doch irgendwie wollen mir die neuen Schuhe noch nicht so richtig passen. Ich fühle mich ja selbst noch wie ein Kind. Auch wenn mein Vater und ich nie darüber gesprochen haben: wahrscheinlich wird es immer unausgesprochen bleiben, wir werden es nur fühlen und uns gelegentlich über die heimlich hinter den Kulissen vertauschten Rollen wundern.

Und wir werden nie wissen, wie viel Zeit wir miteinander noch haben werden. Auch wenn ich jetzt der Macher bin, der Aufpasser und Fels: Meinen Eltern werde ich nie ganz zurückgeben können, was sie für mich waren, aber ich werde es unseren Kindern weitergeben. Weihnachten ist nur ein Vehikel, aber vielleicht eine gute Gelegenheit, mit allen gemeinsam das Leben zu feiern. Einfach weil wir uns haben. Wir müssen uns ja nicht an das Datum halten – sondern nutzen die nächste Gelegenheit im Sommer und lassen es mit allen krachen – das geht schließlich auch ohne Baum.

So gesehen erscheint Weihnachten doch in einem ganz anderen Licht. Es ist ein Tag, dessen religiöser Ursprung immer mehr in den Hintergrund getreten und zu einem konsumüberladenen Familienfest geworden ist. Doch ungefähr alle 25 Jahre geschieht in der Heiligen Nacht etwas ganz Besonderes: Indem sich die Familie zum ersten Mal im Haus der nächsten Generation versammelt, wird ein Initiationsritual durchgeführt. Und nach einem halben Jahrhundert ist es so weit: Wir haben die Ehre. Unsere neue Rolle als Ausrichter des Festes manifestiert den neuen Lebensabschnitt. Was den Ägyptern der Isis- und Osiriskult, dem König der Ritterschlag, den Christen die Taufe oder in Papua-Neuguinea den Menschen das Sakrifizierungsritual in einer Hütte bedeutet, das ist einmal im Leben Weihnachten für uns: Wir werden aufgenommen, steigen einen Level höher und haben ab sofort eine neue Stellung in der Gemeinschaft. Haben wir uns also auf der Titelseite noch die Frage gestellt, ob es das jetzt war oder ob ab der Lebensmitte noch etwas kommt – so lautet (auch hier) die Antwort ganz klar: Ja, allerdings, da kommt noch was – und das geht jetzt erst richtig los.

JÜNGER

> Sollte der neue Chef Ihre Präsentation mit »Krass,
> Alter« loben, antworten Sie bitte nicht »Danke,
> Digga!«

Das sollten Sie sich in Zukunft angewöhnen: Bevor Sie
den Neuen in der Firma zum Kopieren oder Kaffeekochen
schicken, erkundigen Sie sich über ihn. Es könnte Ihr Chef
sein.

Natürlich gibt es auch positive Überraschungen: Als ich
vor einigen Wochen wegen einer Bindehautentzündung
zum Augenarzt musste, war da plötzlich alles anders. Ich
wurde aus dem Wartezimmer aufgerufen und in Zimmer
zwei gebeten, wo mir ein Mädchen ihre schmale Hand gab
und sich auf dem Arztstuhl hinter dem Schreibtisch nieder-
ließ. Locker, lässig, moderne Praxis, dachte ich, die machen
es den Patienten ein bisschen nett: mit einer Hostess zum
Ausfüllen der endlosen Fragebögen. Aber es war die Ärztin.
So alt wie meine Tochter. Ich wusste gar nicht, wie ich ihr
erklären sollte, was ich hatte, weil ich mir nicht sicher war,
ob sie versteht, wovon ich spreche – schließlich ist ein Auge
ein komplexes Organ und entsprechend schwer zu behandeln. Doch je länger ich redete, desto klarer wurde mir, dass
sie sehr viel mehr über Augen wusste als ich. Sie rief eine

Helferin ins Zimmer (die gut ihre Mutter hätte sein können), unterschrieb ein Rezept, strahlte mich an und gab mir wieder ihre schmale Hand. Wow, dachte ich, aber klar, die hat wahrscheinlich tatsächlich Medizin studiert …

Angeblich sind wir Deutschen inzwischen ein Tannenbaum, der auf dem Kopf steht. Immer weniger Junge müssen für immer mehr Alte aufkommen – und trotzdem habe ich zunehmend das Gefühl, dass nur noch Junge um mich herumwimmeln und auch ich mich wenigstens jugendlich benehmen muss, um nicht unterzugehen. Im Applestore gibt es mich nur unter meinem Vornamen, wir alle duzen uns selbstverständlich im Restaurant oder sprechen gleich Englisch. Einen Kaffee bekomme ich nur noch *to go* und sowieso erst, wenn mein Spitzname drauf steht und aufgerufen wird. Früher waren doch alle irgendwie älter und erwachsener, inzwischen habe ich das Gefühl, nur noch von Menschen beraten, behandelt und bedient zu werden, die mit meinen Kindern in die Kita gingen.

Ich versteh' gar nicht, wo die auf einmal alle herkommen, sonst war immer ich der Jüngste auf der Arbeit. Aber plötzlich taucht ein neuer, halber Chef auf, und es ist mir völlig schleierhaft, wie so ein junger Fuzzi so viel Ahnung haben sollte, dass er uns, die wir schon hundertmal länger da sind als er, jetzt sagen sollte, wie was gemacht wird.

Es ist ja gar nicht böse gemeint, aber es kann doch kein Mensch wissen, der gerade von der Uni oder sonst woher kommt, wie was geht. Ist doch logisch. Man braucht jemanden, der einem zeigt, wo es langgeht, und das ist (oder war früher) der Chef. Ein erfahrener Mann. (Den gab es natürlich auch als Frau, aber seltener.)

Das galt auch für Ärzte. Die waren von Natur aus älter als ich, hatten einen weißen Kittel und Autorität. Ich habe mich ihnen beruhigt anvertraut, weil sie über die Erfahrung verfügten, die ein Arzt brauchte. Wie sonst hätten sie auch eine derart verantwortungsvolle Aufgabe in unserer Gesellschaft übernehmen können? Aber jetzt sind die alle nur noch halb so alt wie ich.

Als ich angefangen habe, war ich ja auch jung, hatte aber auch dementsprechend wenig zu melden, schließlich waren alle um mich herum älter – und saßen in den besseren, verantwortungsvolleren Positionen. Machte ja auch Sinn. Aber aus irgendeinem unerfindlichen Grund ist die Zeit vorbei. Es scheint heute viel weniger um alte Werte wie Wissen und Erfahrung zu gehen als vielmehr darum, jung und hip zu sein. Heute haben offenbar Jobanfänger mehr Selbstbewusstsein und dafür weniger Respekt. Das ist sicher nicht böse gemeint, es ist schlicht und einfach eine neue Generation. Wir nennen sie »Digital Natives« oder »Millennials« oder »Generation Y«. (Aus dem Englischen übernommen: »Why«.) Diese Menschen wurden in der Zeitspanne von 1980 bis 1995 geboren und mögen vielleicht ebenso gerne hart arbeiten wie die Generationen vor ihnen, aber sie hinterfragen alles. Sie wollen wissen, warum und wofür sie arbeiten. Identifikation und Sinnhaftigkeit stehen im Vordergrund. Sie mögen keine starren Hierarchien, angeblich will sogar nur jeder Zehnte dieser Generation eine Führungsaufgabe übernehmen.

Das ist allerdings völlig wurst, wenn einem von heute auf morgen so einer vor die Nase geknallt wird. Nur weil das Unternehmen jetzt mit dem neuen Mann neue Wege gehen will, müssen wir doch nicht alles über den Haufen schmeißen, was sich in den letzten hundert Jahren als äußerst sinnvoll und praktisch erwiesen hat. Nur weil die Außendarstellung plötzlich wichtiger ist als die Qualität der Produkte, müssen doch jetzt nicht alle Führungskräfte einen Instagram-Account haben und ihr Frühstücksei oder Marmeladenbrot posten, um den Wandel von innen heraus zu gestalten. (Wobei Topmanager heute Berater haben, die sie tatsächlich dazu bringen, per »Laufapp« die tägliche Joggingstrecke sowie die gelaufene Zeit sofort online zu stellen. Ein interessantes Phänomen, wo wir doch eigentlich versuchen, unsere persönlichen Daten wenigstens noch rudimentär zu schützen. Echte Führungsköpfe aber lassen sich stolz öffentlich verfolgen und scheiden im Stundentakt Belanglosigkeiten aus, um dem Pöbel zu gefallen …) Ein Berater erzählte mir, dass er den von ihm betreuten CEOs riesiger Konzerne sogar rät, sich über Social-Media-Kanäle an ihre Mitarbeiter zu wenden, da sie sonst nicht von ihnen wahrgenommen werden. Das wirft irgendwie die Frage nach der Führungsqualität und Eignung zu solcher auf – doch in unserer jugendlich-nervösen Welt hinterfragen und belächeln nur noch unsere Kinder unsere lemminghafte Entwicklung, während wir Erwachsenen Wissen über Bord schmeißen und gewitzten Beratern in die senioride Pubertät folgen.

Was ist in den letzten dreißig Jahren nur passiert? Jeder Generationswechsel bringt gravierende gesellschaftliche Veränderungen mit sich – und natürlich hat sich vieles zum Guten gewandelt. Unsere Kinder werden in der Schule nicht mehr mit dem Rohrstock geschlagen (wie mein Vater), wir siezen unsere Eltern nicht mehr (wie meine Großmutter es noch musste), sondern helikoptern um unseren Nachwuchs herum, lassen gerne auch die ganz Kleinen entscheiden, was sie lernen wollen und wo die Reise hingeht. Wir sind die Freunde unserer Kinder geworden und werden auch von deren Freunden so behandelt. Wir gehören dazu – oft auch ohne es zu wollen. Man kann ja inzwischen schon richtig happy sein, wenn ein Freund der Kinder einen in der eigenen Wohnung noch begrüßt und nicht einfach durchschlappt. Das Leben auf Augenhöhe mit Minderjährigen und Führerscheinaspiranten hat sicher seine coolen Seiten – doch hatte ein gewisser »Respekt vor dem Alter« nicht auch etwas für sich? Fühlen wir uns nicht auch deshalb oft so alt, weil sie uns wie Ihresgleichen behandeln und wir diese Rolle einfach nicht mehr haben – weil wir sie gar nicht mehr ausfüllen können oder wollen? Wir finden uns dabei selbst lächerlich, und genau deshalb sollten wir es auch tunlichst lassen.

Das ist nicht einfach und selbstverständlich eine Anforderung an beide Seiten: Die Älteren verdienen ihren Status natürlich nicht durch den bloßen körperlichen Verfall, sondern weil sie im Laufe ihres Lebens Wissen und Erfahrung angesammelt haben und somit eine Vorbildfunktion erfüllen können. Und die Jüngeren müssen lernen, den Wert der gelebten Jahre wieder zu erkennen. Wir sollten vielleicht die generationsübergreifende Augenhöhe aus der Waagerechten holen, indem wir Älteren uns nicht mehr widerstandslos von jedem Trend schlucken lassen. Wir müssen zu uns stehen. Dann sind wir wirklich cool – und nicht, weil wir uns nur nach unten orientieren, mit einer Flasche Bier in der Hand *cornern* und alles irgendwie *nice* finden.

Die latente Verleugnung unserer gelebten Jahre hat sicher nicht nur für uns einen schalen Nachgeschmack, sondern ebenso für jene, die uns gewohnheitsmäßig in ihre juvenile Welt upgraden. Wir nehmen ihnen die Chance, mutig in die Zukunft – und auf ihr eigenes Alter zu schauen.

Wo bitte ist unser Selbstbewusstsein? Wir, die wir zunehmend mehr werden, lassen uns immer noch von Zahlen und längst überholten Schlagworten der Vergangenheit einschüchtern und verlieren aus lauter Angst und Sorge den Respekt. Vor uns! Ende der 1990er Jahre war die Situation auf dem Arbeitsmarkt tatsächlich eine andere. Der Slogan »Mit 50 ist man zu alt für den Arbeitsmarkt« wurde geboren und war fast berechtigt, denn jeder zweite über 50 war arbeitslos – aber das Blatt hat sich gewendet. Doch obwohl heute rund 77 Prozent der über 55- bis 59-Jährigen erwerbstätig sind, entspricht die öffentliche Wahrnehmung und Darstellung nicht dem positiven Trend. Offenbar hat uns die Angst so fest im Griff, dass wir uns lieber lächerlich machen beim Versuch, den Anschluss an die Jungen nicht zu

213

verlieren, als deren Bedarf an Erfahrung und hart erarbeitetem Können nachzukommen. Die brauchen uns doch. Aber ich fürchte, auch ihr letzter Rest Respekt uns gegenüber geht vollkommen den Bach runter, wenn wir versuchen, mit ihren Waffen zu kämpfen – die Natur erwartet von einem 50-jährigen Mann nicht, dass er Katzenvideos liked und mit einem hüpfenden Emoji kommentiert. Wir müssen nicht an jeder noch so bekloppten Challenge teilnehmen, um unseren Beliebtheitsgrad zu steigern. Hallo? Wo sind denn unsere Eier geblieben?

Zweifelsohne befindet die Welt sich in einem wahnwitzig schnellen Wandel, das Internet samt bahnbrechenden Zukunftstechnologien lässt ganze Branchen ebenso schnell aus dem Nichts entstehen, wie es über Generationen erlernte Geschäftsmodelle zunichtemacht. Die Entwicklung unserer Gesellschaft ist zum Spielball der Technik geworden, Gesetze und Strukturen kollabieren im Vakuum der nur in Quantität gemessenen Fake-Gefolgschaft anonymer Massen – und wir lassen uns davon beeindrucken oder sogar einschüchtern?

Was klingt wie der Untergang, birgt aber nicht nur ungeahnte Gefahren, sondern ebensolche Chancen. Wir, Millennials und Best Ager, haben die Chance, uns unter ganz neuen Vorzeichen zu treffen. Ich habe an einem Seminar teilgenommen, dessen Teilnehmer alle (!) halb so alt waren wie ich. Und sie hingen mir an den Lippen, einfach weil ich ihnen etwas uneinholbar voraushatte: Ich war doppelt so alt wie sie! Sie waren mit der Technik von heute aufgewachsen, hatten mir vollkommen unbekannte Studiengänge absolviert und brannten darauf, die mediale Welt zu revolutionieren. Trotzdem brauchten sie einen alten Hasen wie mich, der alle Höhen und Tiefen einer Branche schon am eigenen Körper erlebt hat. Jemanden, der weiß, wie sich etwas anfühlt, und nicht, wie es theoretisch sein sollte. Sie brauchten mich und mein Wissen, was nur durch gelebtes Leben entstehen konnte. Und ich brauchte sie, die all das in die Zukunft transportieren können, was ich mir mit meinen analogen alten Mitteln ausgedacht hatte. Ich hörte ihnen genauso begeistert zu, wie sie mir. Sie haben mich inspiriert.

Wir können generationsübergreifend die gleiche Vision verfolgen und uns gegenseitig voranbringen, wenn wir erkennen, wo unsere Qualitäten sind, und diese einander zur Verfügung stellen.

Ich verließ das Seminar als glücklicher und vor allem altersloser Mann – denn ich war Teil der neuen Gesellschaft geworden, in der alte Strukturen aufgehoben wurden, aber trotzdem die Werte von Wissen und Können erhalten geblieben sind.

Das war echt krass, Digga!

EIN PAAR WORTE HINTERHER ...

Ja, der Lack ist ab – na und? Uns geht es verdammt gut, wenn wir uns Gedanken darüber machen, ob wir die Haare färben wollen, den Meniskus operieren lassen, um wieder Fußball spielen zu können, oder uns endlich durchringen, überflüssigen Kram loszuwerden. Wir sind so was von privilegiert! Wir haben die ungefähre Mitte unseres Lebens mehr oder weniger gesund erreicht und den Weg hierher halbwegs unbeschadet überstanden. Vielen Menschen bleibt das verwehrt. Nicht nur denen, die unter widrigsten Umständen das Licht dieser Welt nur für kurze Zeit erblickten und von Geburt an keine Chance hatten. Selbst wenn wir nur auf die wenigen Menschen schauen, die mit uns auf diesem sicheren Fleckchen Erde gestartet sind, haben viele nicht das Glück, nach vier Jahrzehnten die Lebensmitte erreicht zu haben, sondern für manche bedeutete dies schon das Ende. Ich habe zu viele Telefonnummern in meinem Handy, deren ehemalige Besitzer aus dem Leben gerissen wurden. Sie hatten gar nicht die Zeit für eine Midlifecrisis. In unserem Alter kommen die oft zitierten Einschläge unausweichlich näher. Glücklicherweise liegt es in der Natur der meisten Menschen, die Angst, selbst der Nächste zu sein, auszublenden. Der Tod eines Freundes führt uns aber eine gewisse Zeit vor Augen, wie fragil unser Dasein ist und wie dankbar wir jeden

Tag, an dem wir gesund sind, genießen sollten. Doch schon nach kurzer Zeit hat uns der Alltag mit all seinen Belanglosigkeiten wieder fest im Griff, und wir ärgern uns über die verspätete Bahn, eine schlechte Note der Kinder oder einen Reißverschluss, der seine Jacke frisst. Oder wir beschäftigen uns mit der Frage, ob wir unser Leben überhaupt so leben, wie wir es wollen, was wir alles falsch gemacht haben, welche Chancen wir verpasst haben und was wir alles ändern müssen, um glücklich zu werden. So ist es nun einmal, offenbar hormonell oder sonstwie in uns verankert; manche kommen besser damit klar als andere, aber an den wenigsten geht dieser vorprogrammierte Entwicklungsschritt vollkommen beschwerdelos vorbei. Doch sich jetzt hängenzulassen, der faltenfreien Jugend hinterher zu trauern und mit aller Kraft den Alterungsprozess aufhalten zu wollen, ist einfach Quatsch. Das macht es nur noch schlimmer. Keiner wird überleben, wir alle gehen drauf. Aber die Zeit bis dahin sollten wir nicht mit Lamentieren verbringen. Angeblich wird es hinten raus noch mal ganz toll! Sie merken schon, ich versuche, mir selber gerade Mut zu machen, um irgendwie die Kurve zu kriegen, dieses Buch über den Verfall des Menschen positiv enden zu lassen. Wir alle fragen uns doch, ob es von nun an nur noch bergab geht oder noch was kommt, auf das wir uns freuen können. Von alleine sicher nicht, ich fürchte, das ist die Gnade der Jugend, wo einem frisch, munter, verliebt und naiv, ohne einen Gedanken an morgen zu verschwenden, alles zufliegt. Wir sind jetzt gefordert, die ursprüngliche Schönheit als vergangen zu akzeptieren und

218

eine neue, gegen alle Widerstände des Alltags und des Alterns, bewusst auferstehen zu lassen. Keine Ahnung, wie das geht – ich probiere es aus und melde mich, sobald ich's weiß.

DANKSAGUNG

Seit ich die ersten Folgen von »Der Lack ist ab« geschrieben hatte, konnte ich es kaum erwarten, den Themen der Serie in einem Buch etwas tiefer auf den Grund zu gehen. Umso glücklicher war ich, dass der S. Fischer Verlag schon nach wenigen Zeilen ebenso für die Idee brannte wie ich.

Ein herzlicher Dank an

Dr. Sita Frey und Martina Seith-Karow vom S. Fischer Verlag; an meine Agentin Miriam Strothjohann und Edward Filkin für die Zeichnungen.

Mein ganz besonderer Dank geht an Sabine Jürgens. Sie ist die beste Sparringspartnerin und Lektorin, die ich mir vorstellen kann.

Ich danke Claudia Bierhancé und Lara Bolt, die mir geholfen haben, den ersten Buchdummy zu erstellen, um dem Verlag meine Idee vorzustellen.

Ich danke meinen Eltern, welche die Begeisterung für das geschriebene Wort als Kind in mir weckten und meine Schwester und mich seit über 50 Jahren in allem unterstützen, was wir tun.

Ich danke meiner Frau! Ohne sie wäre weder unsere Serie »Der Lack ist ab« noch dieses Buch überhaupt entstanden.

Ich danke unseren Kindern, die alles für mich sind. (Und

ich entschuldige mich bei ihnen, dass sie manch »peinliches« Gespräch über Schwachstellen des alternden Männerkörpers selbst beim Abendessen mit anhören mussten.)

Ich danke allen Ärzten und Therapeuten, die mir Einblick in ihre Welt gegeben haben. In langen Gesprächen haben sie mich an ihren Erfahrungen teilhaben lassen. Dieses Wissen war Grundlage für die vorliegenden Texte. Trotzdem handelt es sich bei meinen Ausführungen nicht um medizinische Fachliteratur, sondern um die Wiedergabe dessen, was ich verstanden und mir für meine Zwecke zu eigen gemacht habe.

Prof. Dr. med. Wolfgang Henrich
Direktor der Klinik für Geburtsmedizin (CVK, CCM), Berlin

Dr. med. Christian A. Leinhos
Facharzt für Innere Medizin und Gastroenterologie, Berlin

Dr. med. Christian Herzig
Facharzt für Urologie, Berlin

Dr. med. Vera Pauli
Augenärztin, Hannover

Dr. Reinhard Hannen
vom CERES Kinderwunschzentrum, Berlin

Lars Banthau
Manualtherapeut und Osteopath (Die Körpertherapeuten
Berlin)

Sandra Gathmann
Systemische Einzel-, Paar- & Familien-Psychotherapeutin
(HPG)
Dipl.-Sexualtherapeutin, Dipl.-Psychologin
Co-Präsidentin der Österreichischen Gesellschaft für
Sexualwissenschaften

Und ich danke allen Menschen, die gar nicht wissen, wie
sehr sie mich inspiriert haben.

QUELLEN

Kapitel Sixpack:

https://www.uebungen.ws/rueckenstrecken-im-liegen/

https://www.derstandard.de/story/2000064957146/
   grund-fuer-zunehmendes-bauchfett-im-alter-gefunden

Kapitel Vergesslichkeit:

https://www.neuronation.de/gedaechtnistraining/
   kurzzeitgedaechtnis-im-alter

https://www.uzh.ch/de.html

Kapitel Noch mal Nachwuchs:

https://www.blick.ch/life/gesundheit/psychologie/
   spaete-elternschaft-soehne-aelterer-vaeter-sind-
   eher-nerds-id8233732.html

www.wissenschaft-aktuell.de

www.gesundheitsberater-berlin.de/kliniken/dossier/
   report-auch-maenner-haben-eine-biologische-uhr

Kapitel Begleitetes Fahren:

https://www.bf17.de/tipps-fuer-die-praxis/tipps-fuer-
   begleitpersonen.html

Kapitel Jünger:

https://www.management-circle.de/blog/hilfe-mein-chef-ist-juenger-als-ich/

https://www.lvq.de/karriere-blog/2017/05/30/jobsuche-bewerbung-ab-50-arbeitsmarkt/